# QS 9000 und VDA 6.1 umsetzen

**Gestaltungshilfen
zur Weiterentwicklung
Ihres Qualitätsmanagement-
systems**

•

**Bernd Rösch
Thomas Hummel**

## INHALTSVERZEICHNIS

# 5. VDA 6.1

# 1. Einleitung

Unternehmen, die den vielfältigen Ansprüchen ihrer Kunden genügen wollen, sehen sich mit einer Flut unterschiedlicher Qualitätsforderungen konfrontiert. Der Ausweg aus diesem Dilemma ist ein einheitliches und allgemein gültiges Regelwerk. Mit der 1987 entwickelten Norm ISO 9000 ff. (als deutsche Übersetzung DIN EN ISO 9000 ff.) wurde ein standardisiertes Verfahren zum Nachweis eines Qualitätsmanagement-Systems geschaffen. Diese Norm wurde in kürzester Zeit in vielen Ländern anerkannt und verkörpert heute einen weltweiten Standard.

Besonders aufgrund ihres branchenneutralen Charakters ist sie für viele Unternehmen die Grundlage für den Aufbau eines Qualitätsmanagement-Systems geworden. Dennoch bestehen weiterhin in vielen Wirtschaftszweigen branchen- und kundenspezifische Forderungen, die in der DIN EN ISO 9000 ff. nicht ausreichend berücksichtigt sind. Besonders die Automobilindustrie verlangt vehement die Erfüllung ihrer weitergehenden Qualitätsforderungen. Die dadurch notwendigen zusätzlichen Audits für kunden- und branchenspezifische Regelwerke führten zu einem regelrechten "Audittourismus". Aus diesem Grund setzten sich die "Big Three" - die US-amerikanischen Automobilhersteller Chrysler (jetzt Daimler Chrysler), Ford und General Motors - zusammen und schufen die Richtlinie QS-9000. Eine entsprechende Richtlinie für die deutsche Automobilindustrie entwickelte der Verband der Automobilindustrie e.V. (VDA): die Richtlinie VDA 6.1.

Beide Richtlinien bauen auf der DIN EN ISO 9000 ff. (Stand August 1994) auf, ergänzen sie um zusätzliche, deutlich höhere Forderungen und entwickeln sie dadurch weiter. Dabei steht Kundenzufriedenheit an erster Stelle. Von besonderer Bedeutung sind darüber hinaus kontinuierliche Verbesserung und eine stärkere Ergebnisorientierung. Stabilere Prozesse, enge Kunden-Lieferanten-Beziehungen und interdisziplinäre Teamarbeit führen zu Nutzensteigerungen bei allen Beteiligten, da sich die Erfüllung der Qualitätsforderungen in der Prozeßkette vom Lieferanten über das Unternehmen bis hin zum Endkunden fortsetzt. Eine systematische und erfolgreiche Einführung der QS-9000 bzw. der VDA 6.1 verfolgt die Absicht, Produktivitätssteigerungen und Kostenreduzierungen zu bewirken und damit zu einer stärkeren Wettbewerbsfähigkeit des Unternehmens zu führen.

Deshalb sind VDA 6.1 und QS-9000 keine Richtlinien, die ausschließlich für den Automobilsektor von Bedeutung sind, sondern bieten hervorragende Möglichkeiten für Unternehmen sämtlicher Branchen, eine eigene Bewertung ihres bestehenden Qualitätsmanagement-Systems vorzunehmen und anhand dieser Bewertung Qualitätsverbesserungsmaßnahmen durchzuführen. Beide Richtlinien sind Wegweiser für Unternehmen, die sich in Richtung eines ganzheitlichen unternehmensweiten Qualitätsmanagement-Systems im Sinne des Total Quality Management (TQM) entwickeln wollen. Infolgedessen stellen sie eine sinnvolle Erweiterung zur DIN EN ISO 9000 ff. dar. Gerade Unternehmen, die sich im Rahmen von Benchmarking mit den besten Wettbewerbern oder anerkannten Marktführern vergleichen, nutzen die durch diese Richtlinien gewonnenen Anregungen und stellen sich sogar einer für sie nicht vorgeschriebenen Zertifizierung. Da jedoch beide Richtlinien eine unterschiedliche Struktur besitzen, ist die Vorgehensweise bei einer Umsetzung von beiden Richtlinien für die Unternehmen von ausschlaggebender Bedeutung. Erfahrungen bei der Umsetzung der DIN EN ISO 9000 ff. haben gezeigt, daß sich Unternehmen nur zu zehn Prozent mit dem Verfassen der Verfahrensanweisungen, aber zu 90 Prozent mit dem Einführen der Verfahren beschäftigen müssen.

Dabei hängt die Wirksamkeit der Einführung entscheidend vom Verständnis der Inhalte ab. Aus diesem Grund werden in diesem Buch keine Anweisungen zum Umschreiben von Verfahrensanweisungen gegeben, sondern die Erläuterung der Forderungen und die jeweils dahinterstehende Intention herausgestellt. Als zusätzliche Hilfen gibt es Tips für die Umsetzung und Hinweise, worauf Auditoren besonders achten. Folgende Symbole weisen den Leser darauf hin:

- steht für Tips und

- steht für Auditor.

Ausschlaggebend sind und bleiben die Originaltexte der ISO 9000-9004, der QS-9000 und VDA 6.1. Wer sich mit allen drei befassen muß, erfährt erhebliche Probleme. Dieser Pocket Power soll helfen, die Probleme zu lösen.

## 2. WIE GEHT ES LOS?

Die Automobilindustrie bemüht sich in intensiven Gesprächen, die Richtlinien QS-9000 und VDA 6.1 zu vereinheitlichen. Geplant ist, frühestens ab 1999 eine gemeinsame Richtlinie unter dem Titel "Advanced Quality System - Weiterentwickeltes Qualitätsmanagementsystem" zu veröffentlichen. Nach Aussage der "International Automotive Task-Force (IATF) - Internationale Automobilarbeitsgruppe" besteht der größte Teil der zu leistenden Arbeit aus Umformatierungen und dem Abgleich der Definitionen, jedoch nicht aus der Überarbeitung der Inhalte. Das "Advanced Quality System" soll Anfang des nächsten Jahrtausends in die geplante Neuauflage der DIN EN ISO 9000-Familie als "Technical Supplement - Technische Ergänzung" einfließen.

Für Unternehmen, die sich schon heute mit QS-9000 und VDA 6.1 auseinandersetzen, ergibt sich die Chance, frühzeitig auf Forderungen, die sich aus diesen Richtlinien ergeben, zu reagieren. Bei einer vergleichenden Betrachtung der beiden Richtlinien entstehen Synergieeffekte, die es zu nutzen gilt; Doppelarbeiten sind somit vermeidbar, Zeit und Kosten werden gespart. Zwar besteht momentan keine gegenseitige Anerkennung beider Zertifizierungsstandards, jedoch kann eine Zertifizierung nach QS-9000 und VDA 6.1 gemeinsam im Rahmen einer sogenannten Kombinationszertifizierung erfolgen. Das QM-System wird bei einer gleichzeitigen Zertifizierung nur einmal auditiert, so daß die Zertifizierungskosten aufgrund eines einzigen Auditteams und der Personalaufwand für Vorbereitung, Durchführung und Nachbereitung verringert werden können.

Wie die neuen Richtlinien QS-9000 und VDA 6.1 in der Praxis möglichst einfach und erfolgreich eingeführt werden können, ist deshalb die entscheidende Frage. Der sich für das Unternehmen ergebende geringere Aufwand spricht für eine parallele Einführung. Ein nach den Normen DIN EN ISO 9001 oder 9002 zertifiziertes Unternehmen ist mit Aufbau und Inhalt der Normenfamilie DIN EN ISO 9000 ff. vertraut. Da sich beide automobilorientierten Richtlinien auf die Norm DIN EN ISO 9001 bzw. 9002 beziehen, bietet sich als erste Orientierungshilfe ein Vorgehen an, das sich an dem bereits bekannten Aufbau der DIN EN ISO 9001 orientiert.

Die QS-9000 hat die Forderungen dieser Norm vollständig und wörtlich übernommen und um zusätzliche Forderungen ergänzt. Dabei wurde die Reihenfolge der 20 Elemente der Norm DIN EN ISO 9001 beibehalten. Die Richtlinie VDA 6.1 beinhaltet im Vergleich zur QS-9000 zum Teil weitergehende Forderungen, beläßt jedoch die Reihenfolge der 20 Elemente nicht und ordnet Forderungen, die in der DIN EN ISO 9001 einem bestimmten Element zugeordnet werden, anderen Elementen zu. Die sich daraus ergebende Problematik wird noch durch den unterschiedlichen Wortlaut der Forderungen bei QS-9000 und VDA 6.1 verstärkt.

Da weder Gliederung, Aufbereitung noch Formulierung der Forderungen übereinstimmen, führt eine gleichzeitige vergleichende Betrachtung beider Richtlinien durch die sich daraus ergebende Suche nach Unterschieden im Detail zu einem ständigen Springen zwischen den QM-Elementen. Diese Vorgehensweise ist äußerst arbeitsaufwendig und zeitraubend. Dennoch sollte die große gemeinsa-

me Schnittmenge beider Richtlinien, die sich bei Betrachtung der Kernaussagen erschließt, genutzt werden.

Die Konsequenz ist, die oben genannten Vorteile einer
parallelen Einführung und Zertifizierung nicht zu verwer-
fen, jedoch die einzelnen QM-Elemente nicht Schritt für
Schritt gleichzeitig für beide Richtlinien, sondern zuerst
die Forderungen der QS-9000 und danach nur noch die
wesentlichen darüber hinausgehenden Forderungen der
VDA 6.1 zu bearbeiten.

# 3. QS-9000

## 3.1 Was ist die QS-9000?

Im Jahre 1988 wurde durch die Automobilfirmen Chrysler, Ford und General Motors eine "Supplier Quality Requirements Task Force (SQRTF) - Arbeitsgruppe für Lieferantenqualitätsforderungen" ins Leben gerufen, die die unterschiedlichen Referenzhandbücher, Berichtsformulare und technischen Bezeichnungen dieser Unternehmen einander angleichen sollte. Ermuntert durch den Erfolg der dadurch auf fünf reduzierten und standardisierten Referenzhandbücher wurde im Dezember 1992 die Task Force beauftragt, die QM-Handbücher für Lieferanten und die Bewertungswerkzeuge zu vereinheitlichen. Die Gründe dafür lagen auf der Hand: Verschiedene Auditierungsweisen, unterschiedliche Forderungen an die Dokumentation, keine einheitlichen länder-, industrie und firmenübergreifenden Regeln und unterschiedliche Begriffs-verwendungen machten den Lieferanten das Leben schwer. Bisher mußte ein Zulieferant der US-amerikanischen Automobilhersteller jeweils die folgenden Forderungskataloge erfüllen:

- „Supplier Quality Assurance Manual" für Chrysler,
- „Quality System Standard Q-101" für Ford,
- „Targets for Excellence" für General Motors Nordamerika und "General Quality Standard for Purchased Materials" für General Motors Europa.

Das Ergebnis ist die im August 1994 erstmals veröffentlichte Richtlinie „QS-9000 - Quality System Requirements - Qualitätsmanagement-System-Forderungen", welche die bisherigen Forderungskataloge ersetzt. Ein Lieferant für Chrysler, Ford und General Motors muß nun nur noch diese Richtlinie erfüllen. Sie enthält spezifische Forderungen und Empfehlungen für die Entwicklung eines Qualitätsmanagement-Systems nach den Vorstellungen der drei US-amerikanischen Automobilhersteller und der Nutzfahrzeughersteller Freightliner, Mack Trucks, Navistar, PACCAR und Volvo GM, die sich an der Entwicklung der Richtlinie beteiligt haben.

Das Ziel der QS-9000 ist, Qualitätsmanagement-Systeme zu entwickeln, die kontinuierliche Verbesserung sicherzustellen, Fehlervermeidung zu fördern und Zuverlässigkeit und Prozeßfähigkeit in der Wertschöpfungskette zu stärken.

Die zweite Auflage vom Februar 1995 weist Änderungen auf, die aufgrund von Empfehlungen der europäischen Tochtergesellschaften berücksichtigt wurden, um die Einführung in Europa zu erleichtern. Die Forderungen der drei Automobilhersteller können auf der Basis eines einzigen Audits und einer einzigen Zertifizierung nach QS-9000 durch eine akkreditierte Zertifizierungsgesellschaft erfüllt werden.

Die Änderungen der dritten Auflage, herausgegeben am 15. April 1998, betreffen vor allem die formale Gestaltung der QS-9000. Die branchenspezifischen Forderungen (ehemals Abschnitt II der QS-9000) werden mit den

ISO 9001-basierten Forderungen (Abschnitt I der QS-9000) kombiniert (siehe Punkt 3.3: "Wie ist die QS-9000 aufgebaut?"). Die bis dato nicht numerierten Zusatzforderungen der Automobilindustrie innerhalb der ISO 9001-basierten Forderungen werden mit Nummern versehen. Inhaltliche Änderungen betreffen insbesondere die Elemente 4.9 "Prozeßlenkung" und 4.10 "Prüfungen" und die Erweiterung des Glossars.

Alle Forderungen der QS-9000 sind in dem Qualitätsmanagement-System des Lieferanten zu berücksichtigen und in dem Lieferanten-Qualitätsmanagement-Handbuch zu beschreiben. Aus diesem Grund dient die QS-9000 als Basis für die Erstellung eines Qualitätsmanagements-Handbuches.

## 3.2 Wer ist von der QS-9000 betroffen?

QS-9000 ist keine Norm, sondern eine Vorgabe der US-amerikanischen Automobilindustrie, die auf einer individuellen Vertragsgestaltung zwischen Kunde und Lieferant beruht. Sie ist eine vertragliche Forderung für alle internen und externen Lieferanten von:

- Produktionsmaterialien,
- Produktions- und Ersatzteilen oder
- Wärmebehandlung, Lackierung, Beschichtung oder anderen Oberflächenbehandlungen,

die direkt an Unternehmen liefern, die die QS-9000 zur Grundlage für die Forderungen an ein QM-System erhoben haben.

Für Lieferanten von Werkzeugen und Ausrüstungen wurde im August 1996 die freiwillige Ergänzung "QS-9000: TE-Supplement - QS-9000: Werkzeug- und Ausrüstungsergänzung" veröffentlicht. Für diese wird keine Zertifizierung gefordert. Eine Zertifizierung von Unterlieferanten nach QS-9000 wird im Augenblick weder von Chrysler, Ford noch General Motors gefordert. Für die direkten Zulieferanten (Produktions- und Kundendienstteile-Lieferanten) legten die Automobilfirmen Termine fest, bis zu denen ein Zertifikat vorgewiesen werden mußte:

- Chrysler bis zum 31. Juli 1997
- General Motors bis zum 31. Dezember 1997
- Ford behält sich eigene Systemaudits vor - individuelle Gestaltung

Nach QS-9000 sollen Zulieferer interne Audits bereits seit Februar 1995 durchführen. Die US-amerikanischen Automobilhersteller sind damit einverstanden, daß an der QS-9000 interessierte Unternehmen, die jedoch nicht zu ihren Zulieferern gehören, diese auch anwenden können.

## 3.3 Wie ist die QS-9000 aufgebaut?

### Übersicht

QS-9000 ist sowohl die Bezeichnung für die gesamte Richtlinie, die sich aus insgesamt sieben Dokumenten zusammensetzt, als auch der Titel für das Handbuch "QM-System-Forderungen". Dieses Handbuch besteht aus zwei Abschnitten und acht Anhängen A bis H und ist die Grundlage für die Qualitätsmanagement-Systeme nach QS-9000.

## Abschnitte I und II

**Abschnitt I** enthält DIN EN ISO 9001-basierte Forderungen. Diese sind in 20 Elemente unterteilt, deren Titel aus der DIN EN ISO 9001 (Ausgabe 8/94) übernommen wurden. Die Forderungen der Norm sind vollständig und wörtlich übernommen und um zusätzliche Forderungen ergänzt, welche zum Teil aus der Norm DIN EN ISO 9004 (Ausgabe 8/94) und aus den ehemals branchenspezifischen Forderungen (QS-9000 2.Auflage) stammen. Die ergänzenden Forderungen sind in der Übersicht jedes einzelnen Elementes durch **Fettdruck** hervorgehoben.

**Abschnitt II** enthält kundenspezifische Forderungen, die durch die Richtlinie nicht vereinheitlicht werden konnten.

## Anhänge

Die Anhänge sollten nicht übersehen werden, da sie weitere wichtige Informationen enthalten. Anhang A enthält eine Beschreibung des Zertifizierungsprozesses. Anhang B beschreibt die Vorgehensweise für Zertifizierer. Anhang C erläutert die besonderen Merkmale und Symbole der US-amerikanischen Automobilfirmen. In Anhang E finden sich Abkürzungen und ihre Bedeutung. Die Änderungen der dritten Auflage sind übersichtlich in Anhang F dargestellt. Anhang G ist für Akkreditierungsorgane und deren Anerkennung durch die Big Three. Es enthält auch Anforderungen an Zertifizierer und Auditoren. Mit Hilfe von Anhang H läßt sich der Zeitbedarf für ein Zertifizierungsaudit planen.

## Dokumente der QS-9000

### Referenzhandbücher

Ergänzt wird die Richtlinie durch fünf Referenz-handbücher:

1) Production Part Approval Process (**PPAP**)-Produktionsteil-Abnahmeverfahren

2) Advanced Product Quality Planning (**APQP**) - Produktqualitätsvorausplanung

3) Failure Mode and Effect Analysis (**FMEA**) - Fehlermöglichkeits- und Einflußanalyse

4) Measurement System Analysis (**MSA**) - Meßmittelfähigkeits-Analyse

5) Statistical Process Control (**SPC**) - Statistische Prozeßregelung

Der Lieferant ist verpflichtet, die beiden erstgenannten Referenzhandbücher anzuwenden.

### Fragenkatalog

Zusätzlich enthält ein sechstes Handbuch den Fragen-katalog "Quality System Assessment (QSA) - Bewer-tung von Qualitätsmanagement-Systemen", eine Anwei-sung zur Durchführung von Qualitätsmanagement-Sy-stem-Audits einschließlich der Liste der Fragen und der Beschreibung des Bewertungssystems. Dieser Fragen-katalog kann Grundlage für interne Audits, für Lieferan-ten-audits und Zertifizierungsaudits sein. Es sind immer Verfahren **und** Ergebnisse zu auditieren, damit Rückschlüs-se auf die Wirksamkeit des Systems möglich sind.

Bild 1 zeigt alle Dokumente, die für die QS-9000 von Bedeutung sind.

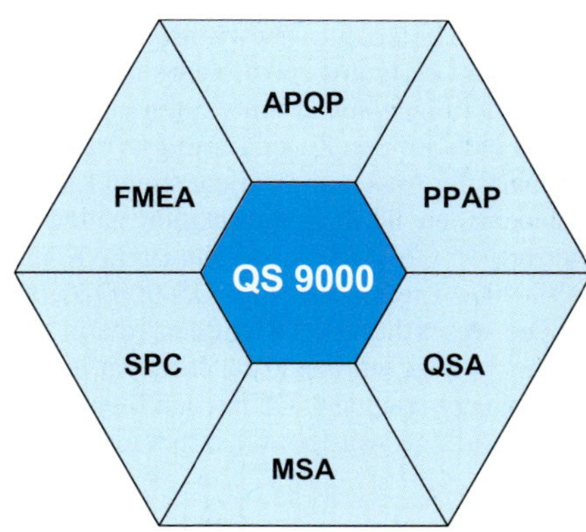

*Bild 1: Aufbau der QS-9000*

## Arbeitsbuch

Mit der dritten Auflage wurde ein Arbeitsbuch herausgegeben, das die Änderungen der dritten zur zweiten Auflage in einfacher und übersichtlicher Form gegenüberstellt. Das Arbeitsbuch ist zweispaltig aufgebaut. Die linke Spalte beinhaltet den Text der zweiten Auflage, wobei die ungültigen gewordenen Inhalte durchgestrichen sind. Die rechte Spalte zeigt den Text der dritten Auflage.

## "Offizielle Interpretationen"

Da mit der QS-9000 neues und somit erklärungsbedürftiges Gebiet betreten wurde, gründeten die "Big Three" zusammen mit Akkreditierungs- und Zertifizierungsgesellschaften die "International Automotive Sector Group (IASG) - Internationale Vereinigung des Automobilsektors". Diese Arbeitsgruppe gibt "Offizielle Interpretationen" der QS-9000 heraus. Diese Interpretationen, die im Internet unter: http://www.asq.org/standcert/qs-9000/sancl.html kostenlos einzusehen sind, enthalten u.a. aktuelle Änderungen sowie Antworten auf oft gestellte Fragen, die sich auf den Zertifizierungsvorgang an sich, aber auch auf die Auslegung der einzelnen Elemente der QS-9000 beziehen. Da die Interpretationen eine bindende Erweiterung der QS-9000 darstellen, ist die Kenntnis für jeden QS-9000-Lieferanten und QS-9000-Zertifizierer Pflicht. Die wesentlichen "Offiziellen Interpretationen" zur zweiten Auflage wurden in die dritte Auflage eingearbeitet. Die zu erwartenden "Offiziellen Interpretationen" zur dritten Auflage werden mit ihrem Erscheinen bindend.

# 4. Inhalt der QS-9000

Die DIN EN ISO 9001 umfaßt ungefähr 135 Forderungen, die QS-9000 schon ungefähr doppelt so viele. Die zusätzlichen Forderungen der QS-9000 basieren größtenteils auf deutlich detaillierter formulierten Forderungen der DIN EN ISO 9001 und auf weiteren Bestandteilen. Jedes der 20 Elemente der DIN EN ISO 9001 wurde um Forderungen der QS-9000 erweitert. Da die Forderungen der DIN EN ISO 9001 in jedem Element uneingeschränkt in die QS-9000 eingeflossen sind, werden sie hier nicht gesondert erläutert (siehe hierzu: Pocket Power "DIN EN ISO 9000 - 9004 umsetzen"). Die zusätzlichen Forderungen sind in die Gliederung der DIN EN ISO 9001 integriert und werden im folgenden durch **Fettdruck** hervorgehoben. Die Gliederung der ISO 9001-basierten Forderungen beginnt mit "4.1" und wird beibehalten.

☞

Werden in der Richtlinie Systeme gefordert, sollten diese immer als Untersysteme des QM-Systems gesehen werden. Auch das Untersystem muß geplant, dokumentiert, genutzt, geregelt und verbessert werden. Alle Elemente des QM-Systems sind auch für das Untersystem von Bedeutung (z.B. Schulung, korrigierende und vorbeugende Maßnahmen, ständige Verbesserung).

# 4.1 Abschnitt I: ISO 9001-basierte Forderungen

## *Element 4.1 Verantwortung der Leitung*

4.1.1  Qualitätspolitik

4.1.2  Organisation
   4.1.2.1   Verantwortung und Befugnis
   4.1.2.2   Mittel
   4.1.2.3   Beauftragter der obersten Leitung
   **4.1.2.4   Organisatorische Schnittstellen**
   **4.1.2.5   Management-Information**

4.1.3  QM-Bewertung (Management-Prüfung)
   **4.1.3.1   Umfang der QM-Bewertung (Management-Prüfung)**

**4.1.4  Geschäftsplan**

**4.1.5  Analyse und Nutzen von Daten im Unternehmen**

**4.1.6  Kundenzufriedenheit**
   **4.1.6.1   Benachrichtigung des Zertifizierers**

## Element 4.1.2.4 Organisatorische Schnittstellen

### Was fordert die QS-9000?

- Bereitstellung von Systemen, die die Ausführung angemessener Tätigkeiten während der Konzept- bis zur Serienphase sicherstellen.

- Nutzung von interdisziplinären Verfahren für die Entscheidungsfindung.

- Weitergabe von Informationen und Daten in der vom Kunden vorgeschriebenen Form.

### Was heißt das?

Zur interdisziplinären Entscheidungsfindung ist es notwendig, daß interdisziplinäre Teams in der Unternehmensorganisation gebildet werden, die aus Mitarbeitern der im jeweiligen Fall betroffenen Bereiche bestehen. Typische Bereiche sind: Entwicklung, Fertigung, Einkauf, Logistik, Werkzeugtechnik, Instandhaltung, Kostenkalkulation, Kundendienst, Versand, Marktforschung, Qualitätsmanagement und weitere. Die Aufzählung geht über die Bereiche Produkt- und Prozeßplanung hinaus und enthält auch Bereiche der Unternehmens- und Produktionsplanung. Dies ist unerläßlich, da die Forderung nach Fähigkeitsanalysen in der Fertigung bei einer Betrachtung der gesamten Produktionsplanung (Konzept- bis Serienphase) indirekt auch eine Forderung nach "Simultaneous Engineering" beinhaltet. Erst eine durch interdisziplinäre Teams ermöglichte Kooperation und Information bewirkt, daß ein reibungsloser Ablauf von der Konzept- bis zur Serienphase sichergestellt werden kann.

## Element 4.1.2.5 Management-Information

### Was fordert die QS-9000?

- Sofortiges Informieren des für Korrekturmaßnahmen verantwortlichen und befugten Managements bei Spezifiktationsabweichungen von Produkten oder Prozessen.

### Was heißt das?

Verantwortlichkeiten und Befugnisse für Korrektur-maßnahmen der verschiedenen Produkte und Prozesse bei Spezifikationsabweichungen sollen eindeutig festge-legt sein. Darüber hinaus muß die Politik durchgesetzt werden, daß jeder Mitarbeiter Spezifikationsabweichungen unverzüglich dem verantwortlichen Management meldet.

## Element 4.1.3.1 Umfang der QM-Bewertung (Management-Prüfung)

### Was fordert die QS-9000?

- QM-Bewertung aller Elemente des QM-Systems, nicht nur solcher, für die dies ausdrücklich gefordert ist, z.B. in Abschnitt 4.14.3d. Die Bewertung soll von einem interdisziplinären Team durchgeführt werden.

### Was heißt das?

Für eine QM-Bewertung werden in der DIN EN ISO 9001 in Element 14.3d "sachdienliche Informationen über ergriffene Maßnahmen" und in Anmerkung 20 "Ergebnis-se interner Qualitätsaudits als Eingabeinformationen" als wichtige Informationen genannt. Da in der DIN EN ISO

9001 nur an diesen beiden Stellen auf Informationen, die als Eingangsdaten für eine QM-Bewertung genutzt werden sollen, hingewiesen wird, könnte der Eindruck entstehen, daß lediglich diese Informationen für die QM-Bewertung ausreichend sind. Insofern schafft die QS-9000 Klarheit, indem sie eine QM-Bewertung für alle Elemente des gesamten QM-Systems fordert, und nicht nur für solche, für die dies ausdrücklich verlangt wird.

Auditoren achten darauf, ob Schlußfolgerungen und Empfehlungen der QM-Bewertung tatsächlich umgesetzt und nicht nur dokumentiert werden.

## *Element 4.1.4 Geschäftsplan*

### Was fordert die QS-9000?

- Erstellung eines formellen, dokumentierten und umfassenden Geschäftsplanes.

- Die Ziele und Pläne sollen operativer (1 bis 2 Jahre) und strategischer Art (3 und mehr Jahre) sein und auf der Basis von Produktanalysen der Wettbewerber und Vergleichen mit anderen Unternehmen innerhalb und außerhalb der Automobilindustrie und der Produktgruppe des Lieferanten erstellt werden.

- Bestimmung der aktuellen und zukünftigen Kundenerwartungen.

- Dokumentation der Erfassung, Aktualisierung, Revision und Prüfung des Planes.

## Was heißt das?

Auf den ersten Blick irritiert die Forderung, einen Geschäftsplan zu erstellen, da sie selbstverständlich erscheint. Der Geschäftsplan soll jedoch nicht wettbewerbsunabhängig erstellt werden, sondern durch den Vergleich mit anderen Unternehmen eine kontinuierliche Verbesserung anregen. Diese zusätzliche Funktion muß durch die Gestaltung des Geschäftsplanes nachvollziehbar sein. Obwohl der Inhalt des Geschäftsplanes bei einem Audit durch die Zertifizierungsstelle nicht berücksichtigt wird, kann er sehr wohl Gegenstand eines Audits durch den Kunden sein.

Ein Teil des Geschäftsplanes soll die Ermittlung der Kundenerwartungen beinhalten. Kunden erwarten meistens mehr als sie augenscheinlich verlangen. Erwartungen entstehen durch Erlebnisse. Was der Kunde momentan als Besonderheit eines Produktes auf dem Markt erlebt, wird morgen möglicherweise schon als Standard erwartet. Folglich muß eine Analyse der Kundenerwartungen nicht in Intervallen sondern kontinuierlich vorgenommen werden.

## Element 4.1.5 Analyse und Nutzen von Daten im Unternehmen

### Was fordert die QS-9000?

- Dokumentation der Qualitäts- und Leistungsentwicklung (Trends) des Unternehmens (I).

- Vergleich der Daten mit Wettbewerbern und/oder anderen Unternehmen (II).

- Entwicklung von Prioritäten für die schnelle Lösung von kundenbezogenen Problemen.
- Mit Hilfe der Daten (I u. II) soll die Unternehmenssituation überprüft und eine Entscheidungsfindung und längerfristige Planung ermöglicht werden.

## Was heißt das?

Zur Bestimmung der Qualitäts- und Leistungsentwicklung müssen systematisch Daten gesammelt werden. Faktoren, die für den Kunden von großer Bedeutung sind, sollten besonders berücksichtigt werden (z.B. Lieferfähigkeit, Zuverlässigkeit und Kennzeichnung). Mit Hilfe eines Diagramms können die Daten über die Zeit analysiert und mit anderen Unternehmen verglichen werden. Dadurch läßt sich sowohl die Notwendigkeit von korrigierenden und vorbeugenden Maßnahmen bestimmen als auch der Grad der Zielerreichung im Rahmen der kontinuierlichen Verbesserung ermitteln.

Obwohl ein Verfahren zur Erfassung und Analyse von Unternehmensdaten nicht explizit vorgeschrieben ist, wird der Auditor Verantwortung und Umfang der Datenerfassung in der Dokumentation überprüfen. Auditoren achten darauf, wie Daten erfaßt, bearbeitet, analysiert und genutzt werden. Für gewöhnlich wird diese Forderung, da sie dem Element 4.14.3 "Vorbeugungsmaßnahmen" entspricht, in Verbindung mit diesem und dem Element 4.2.5 "Ständige Verbesserung" auditiert.

## *Element 4.1.6 Kundenzufriedenheit*

### Was fordert die QS-9000?

- Anwendung eines schriftlichen, objektiven Verfahrens zur Messung der Kundenzufriedenheit.

- Dokumentation der Entwicklung der und wesentliche Hinweise auf Kunden**un**zufriedenheit.

- Vergleich der Entwicklung mit anderen Unternehmen im Rahmen von Benchmarking.

- Bewertung der Entwicklung durch die oberste Leitung.

- Einbeziehung sowohl des internen und externen Kunden als auch des Endverbrauchers.

### Was heißt das?

Um die Entwicklung der Kundenzufriedenheit festzustellen, sind regelmäßige Umfragen und übersichtliche Darstellungen der wichtigsten Parameter notwendig. Die Parameter sollten sowohl Qualitätsmerkmale der Produkte oder Dienstleistungen als auch Lieferleistungen und Preise umfassen. Umfang, Methode, Häufigkeit und die Art und Weise, wie Objektivität und Gültigkeit erreicht werden, sind zu dokumentieren. Die Ergebnisse der Kundenumfragen sollten mit Wettbewerbern verglichen, durch die oberste Leitung geprüft und zur Verwirklichung von Verbesserungsmaßnahmen genutzt werden. Mitarbeiter sollen verstärkt in die Lage versetzt werden, die Geschäftsziele zu erreichen.

Kundenunzufriedenheit kann über die Anzahl und Art der Kundenbeschwerden ermittelt werden, die im Rahmen von Element 4.14 "Korrektur- und Vorbeugungsmaßnahmen" gesammelt und analysiert werden sollten. In einigen Ländern werden Kundenzufriedenheitsindizes durch unabhängige Institutionen zur Verfügung gestellt. Für Unternehmen ist dies eine gute Möglichkeit, von Dritten gewonnene Daten für ihre Entscheidungen zu nutzen.

Die Daten über Kundenunzufriedenheit müssen vorsichtig interpretiert werden. Falls z.B. nur wenige Beschwerden durch den Endverbraucher vorliegen, darf nicht der statistische Rückschluß gezogen werden, daß eine hohe Kundenzufriedenheit vorliegt. Vielmehr muß zuerst überprüft werden, ob die Anzahl der Rückmeldungen überhaupt ausreicht, um Rückschlüsse ziehen zu können.

Auditoren achten darauf, wie Daten gesammelt, bewertet und genutzt werden. Regelmäßige Kundenumfragen allein reichen nicht aus. Viel wichtiger ist die Ableitung von Handlungsempfehlungen auf Basis dieser Daten. Darüber hinaus ist die Wirksamkeit der Empfehlung durch nachfassende Befragung zu überprüfen bzw. nachzuweisen.

## Element 4.1.6.1 Benachrichtigung des Zertifizierers

### Was fordert die QS-9000?

- Schriftliche Benachrichtigung des Zertifizierers innerhalb von 5 Werktagen, falls der Kunde dem Lieferanten einen der folgenden Status zuordnet:

  - Chrysler "Needs Improvement"
  - Ford Q-1 Revocation
  - General Motors Level II Containment

### Was heißt das?

Da trotz der erfolgreichen Auditierung des QM-Systems der Kunde eine Notwendigkeit zur Verbesserung sieht, soll dem Zertifizierer die Möglichkeit gegeben werden, den nächsten Auditprozeß entsprechend auszurichten. Dies soll durch eine schnelle Benachrichtigung des Zertifizierers unverzüglich ermöglicht werden.

# Element 4.2 Qualitätsmanagement-System

> ### 4.2.6 Einrichtungs- und Werkzeuglenkung
> #### 4.2.6.1 Planung und Wirksamkeit von Einrichtungen, Anlagen und Prozessen
> #### 4.2.6.2 Werkzeuglenkung (Werkzeugverwaltung)

### *Element 4.2.3.1*
### *Produktqualitätsvorausplanung*

#### Was fordert die QS-9000?

- Durchführung der Qualitätsplanung entsprechend dem Referenzhandbuch "Produktqualitätsvorausplanung (APQP)".

- Vorbereitung der Fertigung neuer oder geänderter Produkte durch interne, interdisziplinäre Teams.

- Interdisziplinäre Teams sollten Techniken aus dem Referenzhandbuch "Produktqualitätsvorausplanung" oder ähnliche Techniken, die den gleichen Zweck erfüllen, anwenden.

#### Was heißt das?

In der DIN EN ISO 9001 befinden sich im wesentlichen nur allgemeine Aussagen zur Qualitätsplanung. Die Qualitätsplanung wird in der QS-9000 wesentlich weiterentwickelt; sie ist eines der wichtigsten Elemente. Methoden zur Qualitätsplanung werden im Referenzhandbuch "Produktqualitätsvorausplanung (APQP)" beschrieben. Nicht jede im Handbuch beschriebene Methode muß genutzt werden, verpflichtend sind nur die, die sowohl in der QS-9000 als auch im "Produktionsteil-Abnahme-verfahren (PPAP)" genannt werden. Die beste Vorgehensweise ist, die APQP als einen Prozeß für den Nachweis des PPAP zu nutzen. Eine strukturierte Qualitätsplanung ist Voraussetzung für die Erfüllung der Kundenforderungen.

Die Produktqualitätsvorausplanung soll von interdisziplinären Teams durchgeführt werden. Diese sind verantwortlich für die Auswahl von besonderen Merkmalen, die Erstellung von FMEAs, die Festlegung von sich daraus ergebenden notwendigen Maßnahmen sowie die Entwicklung und Bewertung von Kontrollplänen. Der interdisziplinäre Ansatz verfolgt das Ziel, alle relevanten Kenntnisse und Fähigkeiten für den Entscheidungsprozeß verfügbar zu machen.

Auditoren möchten u.U. wissen, warum ein wichtiger Unterlieferant nicht zum interdisziplinären Team gehört.

## Element 4.2.3.2 Besondere Merkmale

### Was fordert die QS-9000?

- Kennzeichnung der Dokumente der Prozeßregelung des Kunden mit den kundenspezifischen Symbolen für besondere Merkmale, um die Prozeßabschnitte zu kennzeichnen, die besondere Merkmale betreffen.

## Was heißt das?

Besondere Merkmale sind Merkmale, die die Produktsicherheit, gesetzliche Vorschriften, Eignung, Funktion und Erscheinungsbild betreffen. Die QS-9000 beschreibt Techniken, mit denen diese zu kontrollieren sind. Verantwortlich für die Identifikation, Dokumentation und Genehmigung der besonderen Merkmale ist in der Regel der Kunde. Obwohl die Kunden die besonderen Merkmale auf Zeichnungen und Spezifikationen mit ihren jeweiligen Symbolen kennzeichnen, sind die Lieferanten verpflichtet, Produkte und Prozesse zu analysieren, um besondere Merkmale zu erkennen. Ein Formular für die Dokumentation der besonderen Merkmale befindet sich im Referenzhandbuch "Produktqualitätsvorausplanung" Abschnitt 6.5 Ergänzung K. Anhang C der QS-9000 erläutert sämtliche besonderen Merkmale und Symbole der drei Automobilhersteller.

Durch die Kennzeichnung werden die von den besonderen Merkmalen betroffenen Prozeßschritte erkennbar. Beispiele für betroffene Dokumente sind FMEAs, Kontrollpläne, Einrichtpläne, SPC-Anweisungen und Prüfverfahren und Zeichnungen.

Auditoren haben ein besonderes Interesse zu sehen, wie die Prozeßabschnitte, die besondere Merkmale beeinflussen, ermittelt wurden.

## *Element 4.2.3.3*
### *Herstellbarkeitsprüfungen*

### Was fordert die QS-9000?

- Durchführung einer Herstellbarkeitsprüfung der Produkte vor Vertragsunterzeichnung (Machbarkeitsstudie).

### Was heißt das?

Diese Forderung steht im Zusammenhang mit Element 4.3 "Vertragsprüfung". Vor Vertragsunterzeichnung soll überprüft werden, ob das Produkt überhaupt entsprechend den Kundenspezifikationen hergestellt werden kann. Dazu soll ein interdisziplinäres Team u.a. eine Maschinen- und Prozeßfähigkeitsanalyse durchführen und überprüfen, ob das Produkt wirtschaftlich produziert werden kann. Ein Formular für die Dokumentation befindet sich in Anhang L des Referenzhandbuches "Produktqualitätsvorausplanung". Dieses Dokument sollte vor Vertragsunterzeichnung von den Mitgliedern des Teams unterzeichnet werden.

Auditoren überprüfen u.a, ob das Datum der Herstellbarkeitsprüfung vor dem Datum der zugehörigen Vertragsunterzeichnung liegt.

## *Element 4.2.3.4 Produktsicherheit*

### Was fordert die QS-9000?

- Die Produktsicherheit soll bei der Designlenkung (Element 4.4) und Prozeßlenkung (Element 4.9) berücksichtigt werden.

- Förderung eines Sicherheitsbewußtseins und angemessener Sorgfalt im Verhältnis zu dem Produkt des Kunden.

### Was heißt das?

Ein Sicherheitsbewußtsein im Sinne eines sicherheitsgemäßen und sorgfältigen Verhaltens entsteht nicht von selbst, sondern wird im Unternehmen durch Vorbild, Schulung und Motivation erreicht. Die Verankerung des Sicherheitsbewußtseins in den Grundsätzen zur Designlenkung und deren Weiterführung in der Prozeßlenkung ist somit als Basis für ein sicherheitsgemäßes Verhalten zu sehen.

## *Element 4.2.3.5 Prozeß-Fehler-möglichkeits- und Einflußanalyse*

### Was fordert die QS-9000?

- Verbesserung der Prozesse mit Hilfe der im Referenzhandbuch "Fehlermöglichkeits- und Einflußanalyse" beschriebenen Methodik, so daß eine Fehlervermeidung anstatt einer Fehlerentdeckung erreicht wird.

## Was heißt das?

In Prozeß-FMEAs müssen alle Prozeßmerkmale und Prozeßeingabeparameter betrachtet werden, die die besonderen Merkmale (siehe Element 4.2.3.2 "Besondere Merkmale") beeinflussen. Das Referenzhandbuch "Fehlermöglichkeits- und Einflußanalyse" beschreibt ausführlich die FMEA-Methodik.

Auditoren überprüfen, ob FMEAs für jeden neuen Prozeß durchgeführt und bei hohen Risikoprioritätszahlen rechtzeitig Gegenmaßnahmen ergriffen werden.

## Element 4.2.3.6 Fehlervermeidung

### Was fordert die QS-9000?

- Einsatz von Fehlervermeidungsmethoden bei der Planung von Prozessen, Anlagen, Einrichtungen, Werkzeugen und bei der Lösung von Problemen.

### Was heißt das?

QS-9000 versteht unter Fehlervermeidung den Einsatz von Prozeß- oder Designmaßnahmen, die eine Fertigung von fehlerhaften Produkten verhindern. Daher sollten nicht nur Konstruktions- und Prozeß-FMEAs, Fähigkeitsstudien und Wartungsberichte zur Feststellung, Beseitigung und Vermeidung von Fehlern herangezogen werden, sondern auch durch Poka Yoke fehlhandlungssichere Prozesse betrieben werden (siehe auch 4.14.1.2. "Fehlervermeidung").

## Element 4.2.3.7 Der QM-Plan (Kontrollplan)

### Was fordert die QS-9000?

- Entwicklung von QM-Plänen (Kontrollplänen) als Ergebnis des Qualitätsvorausplanungsprozesses für die drei Phasen: Prototypen-, Vorserien- und Serienphase.

### Was heißt das?

Durch Kontrollpläne werden die Systeme, die zur Regelung von Teilen und Prozessen dienen, schriftlich beschrieben. Kontrollpläne können für jedes einzelne Teil oder für Produktfamilien erstellt werden. Dies bedeutet, daß Kontrollpläne auf der Ebene von Baugruppen, Untergruppen, Einzelteilen und/oder Materialien entwickelt werden müssen. Die Kontrollpläne werden von den interdisziplinären Teams erstellt. Sie müssen regelmäßig überprüft und aktualisiert werden - insbesondere bei Produkt- oder Prozeßveränderungen, instabil (nicht beherrscht) oder nicht fähig werdenden Prozessen und bei Änderung der Prüfmethoden. Eine Freigabe der Kontrollpläne durch den Kunden ist erforderlich. Die Vorgehensweise wird ausführlich im Referenzhandbuch "Produktqualitätsvorausplanung", Abschnitt 6.0 "Kontrollplanmethodik" beschrieben. Ein Formblatt befindet sich in Anhang J der QS-9000. Der erstellte Kontrollplan sollte zumindest die Informationen dieses Formblattes berücksichtigen.

Auditoren überprüfen, ob die Kontrollpläne für alle drei Phasen erstellt wurden, und im Zusammenhang mit Prozeß-, Produkt- und Prüfänderungen überprüft und aktualisiert werden.

## *Element 4.2.4 Produkt-Freigabeverfahren*
## *Element 4.2.4.1 Allgemeines*

### Was fordert die QS-9000?

- Erfüllung aller Forderungen, die im Handbuch "Produktionsteil-Abnahmeverfahren" festgelegt sind.

### Was heißt das?

Produktionsteile sind Teile, die unter Verwendung von Serienwerkzeugen, Lehren, Prozessen, Materialien, Personal, Umwelt und Prozeßeinstellungen hergestellt und überprüft werden. Alle an Produktionsteile gestellten Qualitätsforderungen müssen vor Serienbeginn nachgewiesen werden. Die zur Abnahme vorgelegten Produktionsteile müssen einem repräsentativen Produktionsablauf entstammen. Ziel des Produkt-Freigabeverfahrens ist festzustellen, ob alle Kundenaufzeichnungen und Spezifikationsanforderungen vom Lieferanten verstanden wurden und ob die Fertigungsprozesse die Fähigkeiten besitzen, diese Forderungen unter Serienbedingungen zu erfüllen. Der Lieferant muß das Referenzhandbuch "Produktionsteil-Abnahmeverfahren" verwenden.

Abschnitt II des Handbuches erläutert, wann eine Produktionsteilabnahme verlangt wird. Für die Teileabnahme werden die folgenden 14 Dokumente und Nachweise gefordert:

1) Produktionsmusterzertifikat
2) Genehmigungsbericht für Erscheinungsbild von aussehensabhängigen Teilen
3) Zwei Musterteile
4) Alle Konstruktionsunterlagen einschließlich Einzelteilzeichnungen
5) Änderungsdokumente
6) Meßergebnisse
7) Meßhilfsmittel
8) Material-, Leistungs-, und Dauerhaltbarkeitstests
9) Prozeßablaufpläne
10) Prozeß-FMEA (Konstruktions-FMEA, falls Lieferant für Konstruktion verantwortlich)
11) Kontrollpläne
12) Prozeßleistungsbewertung
13) Studien über Meßmittelstreuungen
14) Konstruktionsgenehmigung

☞

Der Begriff "Produkt-Freigabeverfahren" entspricht dem in der 2. Auflage der QS-9000 verwendeten Begriff Produktionsteil-Abnahmeverfahren (PPAP)".

## Element 4.2.4.2 Unterlieferanten-bezogene Forderungen

### Was fordert die QS-9000?

- Anwendung eines geeigneten Teile-Freigabe-verfahrens (z.B. PPAP) für Unterlieferanten.

### Was heißt das?

Die Lieferanten sollten ein Teile-Freigabeverfahren für ihre Unterlieferanten vorweisen können. Einige Kunden verlangen die Anwendung von PPAP. Damit trägt der Lieferant die Verantwortung für die Teilefreigaben der Unterlieferanten. Die PPAP-Dokumentation der Lieferanten muß alle notwendigen Dokumente der Unterlieferanten beinhalten oder zumindest darauf Bezug nehmen.

## Element 4.2.4.3 Prüfung von technischen Änderungen

### Was fordert die QS-9000?

- Nachweis über ausreichende Validierung von technischen Änderungen.

### Was heißt das?

Bei der Validierung sind die Forderungen der Elemente 4.12 "Prüfstatus", 4.16 "Lenkung von Qualitätsaufzeichnungen und des Referenzhandbuches PPAP zu berücksichtigen. Über Element 4.2.4.2 ergibt sich für den Lieferanten die Verpflichtung, den Kunden unverzüglich über sämtliche Änderungen, auch die des Unterlieferanten, zu informieren.

## Element 4.2.5 Ständige Verbesserung
## Element 4.2.5.1 Allgemeines

### Was fordert die QS-9000?

- Die Philosophie der ständigen Verbesserung muß die gesamte Organisation des Lieferanten erfassen.

- Ständige Verbesserung der Qualität, Dienstleistungen und Preise. Dies ersetzt nicht die Notwendigkeit innovativer Verbesserungen.

- Ständige Verbesserung von Produktmerkmalen mit der höchsten Priorität für besondere Merkmale.

- Erstellung eines Prioritäten setzenden Maßnahmenplans für die ständige Verbesserung bereits stabiler und fähiger Prozesse.

### Was heißt das?

Die ständige Verbesserung basiert auf dem PDCA-Zyklus nach Deming. Er ist eine Abfolge von Tätigkeiten, die aus "Plan (Planen) - Do (Handeln) - Check (Überprüfen) und Act (Verbessern)" besteht. Erst die kontinuierliche Anwendung des PDCA-Zykluses in allen Bereichen bewirkt, daß die gesamte Organisation von der Philosophie der ständigen Verbesserung erfaßt wird. Ständige Verbesserung ist darüber hinaus nur in einem Unternehmen möglich, in dem prozeßorientiert gedacht wird. Jede Aktivität wird als Prozeß aufgefaßt. Bevor verbesserte Ergebnisse erwartet werden können, müssen zuerst die Prozesse verbessert werden. Um die besonderen Merkmale einer ständigen Verbesserung zu unterziehen, müssen deshalb die Prozeßabschnitte verbessert werden, die für die Ausprägung dieser Merkmale wesentlich sind.

Preis- und Kostenelemente sind Schlüsselindikatoren für die ständige Verbesserung. Zwar werden sie bei einer Zertifizierung nicht auditiert, jedoch wird geprüft, ob sie als Schlüsselindikatoren für die ständige Verbesserung genutzt werden.

"Theory of Constraints" (siehe Element 4.2.5.3) ist besonders gut geeignet, um Prioritäten für den geforderten Maßnahmenplan zu setzen.

## Element 4.2.5.2 Verbesserung der Qualität und Produktivität

### Was fordert die QS-9000?

- Möglichkeiten für Qualitäts- und Produktivitätsverbesserungen erkennen und daraufhin entsprechende Projekte durchführen.

### Was heißt das?

Möglichkeiten für Verbesserungsprojekte ergeben sich vor allem aus der Betrachtung der hierfür wesentlichen QM-Elemente, insbesondere der Verfahren zur QM-Bewertung, Kundenzufriedenheitsanalyse, Analyse und Nutzung von Unternehmensdaten, Überwachung von Prozeßleistungen und der Verfahren zum internen Audit sowie zu korrigierenden und vorbeugenden Maßnahmen. In der QS-9000 werden an dieser Stelle beispielhaft 16 Situationen genannt, die Anlaß für Verbesserungsprojekte sein können.

## Element 4.2.5.3 Techniken der Ständigen Verbesserung

### Was fordert die QS-9000?

- Nachweis, daß geeignete Methoden und Maßnahmen zur ständigen Verbesserung genutzt werden.

### Was heißt das?

In der QS-9000 werden an dieser Stelle beispielhaft 9 Methoden zur ständigen Verbesserung genannt; mit diesen muß der Lieferant vertraut sein, auch wenn er nicht alle Methoden oder andere als diese 9 Methoden anwendet. In jedem Unternehmen muß zumindest ein Ansprechpartner mit den folgenden Methoden vertraut sein:

1) Qualitätsregelkarten (für kontinuierliche und diskrete Merkmale und kumulierte Werte - CUSUM)

2) Versuchsmethodik (Design of experiments - DOE)

3) Sachzwangorientiertes Management (Theory of Constraints)

4) Gesamtauslastung der Einrichtungen

5) "Parts per million"-Analyse

6) Wertanalyse

7) Benchmarking

8) Bewegungsanalyse / Ergonomie

9) Fehlervermeidung

Verbessern Sie nicht Prozesse um der Verbesserung willen - behalten Sie immer den Kundennutzen und das Unternehmensziel im Auge!

Der Auditor möchte von dem oder den Ansprechpartner(n) wissen, wieso Verbesserungsmethoden angewandt und als geeignet betrachtet werden.

## Element 4.2.6 Einrichtungs- und Werkzeuglenkung

## Element 4.2.6.1 Planung der Wirksamkeit von Einrichtungen, Anlagen und Prozessen

### Was fordert die QS-9000?

- Zur Entwicklung von Anlagen, Prozessen und Einrichtungen soll in Verbindung mit dem Qualitätsvorausplanungsprozeß ein interdisziplinärer Ansatz gewählt werden.

- Erstellung eines Werkstrukturplanes, der Materialbewegung und -handhabung minimiert, einen synchronen Materialfluß gewährleistet und eine bestmögliche Ausnutzung der Werksflächen bewirkt.

- Entwicklung von Methoden zur Bewertung der Wirksamkeit der Fertigungsoperationen und Prozesse.

## Was heißt das?

Werden Produkte, Prozesse sowie Anlagen und Einrichtungen für diese Produkte nicht parallel entwickelt, kommt es zu unnötigen Abstimmungsschwierigkeiten und Verzögerungen der Markteinführung. Durch "Simultaneous Engineering" können im Rahmen des Qualitätsvorausplanungsprozesses (APQP) Qualitäts-, Produktivitäts-, Kosten- und Zeitziele vor Beginn der Serienproduktion festgelegt werden. Erreicht wird dies durch den Einsatz der geforderten interdisziplinären Teams, die mit entsprechender Entscheidungskompetenz ausgestattet sein müssen. Dabei bewirkt ein rechtzeitiger und offener Informationsaustausch zwischen allen Fachgebieten eine vertrauensvolle, partnerschaftliche Zusammenarbeit.

Auditoren möchten sehen, daß aktiv an der Verbesserung des Materialflusses gearbeitet wird und die Erkenntnisse in der Planung umgesetzt werden. Es ist hilfreich, schon während der Produktentwicklungsphase die Checkliste in Anhang A-5 des APQP-Referenzhandbuches zu bearbeiten.

Es sind Methoden zur Bewertung der Wirksamkeit der Fertigungsoperationen und Prozesse zu entwickeln. Die Wirksamkeit der Fertigungs-operationen und Prozesse sollte anhand der folgenden Aspekte bewertet werden: Ausreichende Automation, Ergonomie und Humanfaktoren, Gleichgewicht zwischen Arbeitskraft und Taktzeit, Lager- und Zwischenlagerbestände sowie wertschöpfende Arbeitsanteile. Weitere Aspekte können hinzugefügt werden.

## Element 4.2.6.2 Werkzeuglenkung (Werkzeugverwaltung)

### Was fordert die QS-9000?

- Erstellung und Einführung eines Systems zur Werkzeuglenkung.

- Einsetzen von angemessenen technischen Mitteln für die Konstruktion, Fertigung und vollständige maßliche Prüfung von Werkzeugen und Lehren.

- Anwendung eines Überwachungs- und Verfolgungssystem, falls eine dieser Tätigkeiten von Unterauftragnehmern übernommen wird.

### Was heißt das?

Das System zur Werkzeuglenkung soll folgende Punkte umfassen: Einrichtungen für Instandhaltung und Reparaturen, Überholung und Lagerung, Rüstvorgänge, Werkzeugwechselprogramme für Verschleißwerkzeuge und Werkzeugänderungen, einschließlich Dokumentation der Konstruktion. Eine Werkzeuglenkung ist für Lagerhäuser und Handelsvertretungen nicht erforderlich.

In der Automobilindustrie werden für bestimmte Teile Spezialwerkzeuge benötigt, die speziell entwickelt und produziert werden müssen. Aus diesem Grund muß der Lieferant nachweisen, daß er die Kompetenz besitzt, entsprechende Werkzeuge zu konstruieren und einzusetzen. Hierfür ist die Checkliste in Anhang A-3 des APQP-Referenzhandbuches hilfreich.

# Element 4.3 Vertragsprüfung

4.3.1 Allgemeines

**4.3.2 Prüfung**

4.3.3 Vertragsänderung

4.3.4 Aufzeichnungen

## Element 4.3.2 Prüfung

### Was fordert die QS-9000?

- Überprüfung aller Arbeitsaufträge, Verträge oder Bestellungen, damit sichergestellt wird, daß alle Kundenforderungen einschließlich der Forderungen aus Abschnitt II erfüllt werden können.

### Was heißt das?

Es sollte überprüft werden, ob eine wirtschaftliche technische Herstellung entsprechend der Kundenforderungen möglich ist. Der Umfang der Prüfung kann dabei beträchtlich variieren, von der einfachen Prüfung bei einer Lagerbestellung bis zur komplexen Vertragsprüfung im Anlagenbau. Auch die Fähigkeit, Umwelt- und Sicherheitsforderungen einzuhalten, müssen beachtet werden. Durch ein interdisziplinäres Team kann die Forderung dieses Elementes als auch des Elementes 4.2.3 "Qualitätsplanung" bearbeitet werden. Dadurch kann die Herstellbarkeitsprüfung innerhalb der Qualitätsplanung und die Vertragsprüfung simultan bearbeitet werden.

Falls Probleme bei der Erfüllung von Kundenforderungen auftreten, werden Auditoren untersuchen, ob diese auf eine nicht ausreichende Herstellbarkeitsprüfung bei der Vertragsprüfung zurückzuführen sind.

# Element 4.4 Designlenkung

**Anmerkung:** Dieses Element betrifft nur Lieferanten mit eigener Designverantwortung. Dazu gehören alle Lieferanten, die die Befugnis besitzen, neue Produktmerkmale für einen Kunden zu definieren oder vorhandene zu verändern.

## Element 4.4.1.1 Verwendung von Designdaten

### Was fordert die QS-9000?

- Bereitstellung eines Prozesses für die Nutzung von Informationen, die bei früheren Projekten gewonnen wurden, für vergleichbare gegenwärtige und zukünftige Projekte.

### Was heißt das?

Diese Forderung unterstreicht das natürliche Verhalten, Erfahrungen für gegenwärtige und zukünftige Projekte zu nutzen. Erst die systematische Nutzung aller gewonnenen Informationen ermöglicht die konsequente Realisierung von potentiellen Kosten-, Zeit- und Qualitätsvorteilen.

## Element 4.4.2.1 Erforderliche Fähigkeiten

### Was fordert die QS-9000?

- Die Mitarbeiter der Design- und Entwicklungsabteilung sollten in den folgenden Methoden und Techniken, soweit anwendbar, qualifiziert sein:
- Form- und Lagetolerierung (Geometric dimensioning and tolerancing - GD&T)
- Quality Function Deployment (QFD)

- Fertigungsbezogene Entwicklung (Design for manufacturing - DFM) / Montagebezogene Entwicklung (Design for assembly - DFA)
- Wertanalyse (Value engineering - VE)
- Versuchsplanung (Design of experiments - DOE)
- Fehlermöglichkeits- und Einflußanalyse für Design und Prozeß (DFMEA/PFMEA)
- Finite Elemente Analyse (FEA)
- Erstellen von Volumenmodellen
- Simulationstechniken
- Rechnerunterstütztes Design (Computer aided Design - CAD) / Rechnerunterstützte Konstruktion (Computer aided engineering - CAE)
- Zuverlässigkeitsplanung

## Was heißt das?

Kurze Erklärungen der Techniken und Definitionen der Abkürzungen können im Referenzhandbuch APQP nachgelesen werden. Von besonderer Bedeutung sind FMEA, QFD und DOE, die in vielen weiteren Teilen der QS-9000 gefordert werden. Eine ausreichende Schulung ist unabdingbare Voraussetzung für eine erfolgreiche Anwendung.

Auditoren überprüfen, ob die Mitarbeiter in den Techniken ausreichend geschult sind und die im jeweiligen Fall notwendigen Techniken tatsächlich in der Entwicklungs- und Designphase angewandt werden.

## Element 4.4.4.1 Designvorgaben - Ergänzung

### Was fordert die QS-9000?

- Bereitstellung von Mitteln und Einrichtungen, die ein rechnerunterstütztes Design, eine rechnerunterstützte Konstruktion und Analyse sowie eine Kommunikation mit den Kundensystemen ermöglichen.

### Was heißt das?

Durch ein rechnerunterstütztes Design, eine rechnerunterstützte Konstruktion und Analyse werden Datentransfer und eine beidseitige Bearbeitung ermöglicht. Für den Lieferanten wichtige Konstruktionszeichnungen und Design- und Entwicklungsdaten können "online" durch den Kunden weitergegeben werden. Auf die Umsetzung dieser Forderung kann der Kunde auch verzichten. In diesem Fall muß sich der Lieferant den Verzicht schriftlich bestätigen lassen.

Kleine Unternehmen sollten, bevor sie in eine umfangreiche CAD/CAE-Ausrüstung investieren, mit ihrem Kunden Rücksprache halten. Die Umsetzung kann auch an Unterauftragnehmer weitergegeben werden, jedoch bleibt die technische Leitung und Verantwortung beim Lieferanten.

Auditoren legen Wert darauf zu sehen, ob die Kommunikation mit den Kundensystemen erfolgreich umgesetzt wurde.

## Element 4.4.5.1 Designergebnis - Ergänzung

### Was fordert die QS-9000?

- Das Designergebnis muß beinhalten:

  1) Vereinfachung, Optimierung, Innovation und Vermeidung von Verschwendung

  2) Verwendung von Form- und Lagetoleranzen

  3) Kosten-, Risiko- und Leistungsanalyse

  4) Feedback aus Produktion, Versuch und Kundenfeld

  5) Design-FMEAs

### Was heißt das?

Alle fünf Punkte müssen für jeden Prozeß durchgeführt und nachgewiesen werden. Falls Verbesserungen nicht durch konkrete Analysen, sondern durch innerbetriebliche Gespräche entstanden sind, müssen auch diese zum Nachweis in einem kurzen Protokoll schriftlich festgehalten werden.

Auditoren erwarten nur für die Design-FMEA die Verwendung der Struktur der FMEA-Formblätter, für die anderen Punkte genügt ein formloser schriftlicher Nachweis.

## *Element 4.4.8.1 Designvalidierung - Ergänzung*

### Was fordert die QS-9000?

- Durchführung der Designvalidierung in Verbindung mit dem vorgegebenen Zeitplan des Kunden.
- Aufzeichnung der Ergebnisse der Validierung (siehe 4.16).

### Was heißt das?

Bei der Aufzeichnung der Ergebnisse der Validierung sind insbesondere Designfehler aufzunehmen sowie im Anschluß korrigierende und vorbeugende Maßnahmen festzulegen und einzuleiten.

## *Element 4.4.9.1 Designänderungen - Ergänzung*

### Was fordert die QS-9000?

- Bewertung von möglichen Folgen von Änderungen an Teilen auf Form, Montagefähigkeit, Funktion, Leistung, Zuverlässigkeit und Abstimmung mit dem Kunden.

### Was heißt das?

Für eine sinnvolle Bewertung möglicher Folgen von Designänderungen muß ein funktionsfähiges Kommunikationssystem zwischen Lieferanten, Kunden und Endverbraucher vorhanden sein. Das System sollte genau bestimmen, wie Änderungen bewertet und wann sie durchgeführt werden. Vor der Einführung in der Fertigung muß auf jeden Fall eine schriftliche Genehmigung oder Bestätigung durch den Kunden eingeholt werden (beachte hierzu die jeweiligen kundenspezifischen Forderungen und das Referenzhandbuch PPAP). Die Forderung gilt auch für von Unterlieferanten vorgeschlagene Designänderungen.

Auditoren achten darauf, daß Änderungen nur stattfinden, nachdem der Kunde sie genehmigt hat.

Die Wechselbeziehungsmatrix des QFD, die die Beziehung zwischen einzelnen Designanforderungen widerspiegelt, bietet eine guten Überblick über mögliche Folgen von Designänderungen.

## Element 4.4.9.2 Auswirkungen von Designänderungen

### Was fordert die QS-9000?

- Berücksichtigung der Auswirkung von Designänderungen auf das System, in dem das Produkt genutzt wird.

### Was heißt das?

Durch die Berücksichtigung der Auswirkung von Designänderungen auf das übergeordnete System soll negativen Einflüssen auf das Systemverhalten vorgebeugt werden.

Das Risiko von negativen Einflüssen auf das Systemverhalten kann durch eine Design-FMEA bewertet werden.

## Element 4.4.10 Kundenspezifischer Prototypenbau

### Was fordert die QS-9000?

- Durchführung eines umfassenden Prototypenprogrammes (sofern der Kunde dies verlangt).

- Zusammenarbeit mit den gleichen Unterauftragnehmern, den gleichen Werkzeugen und den gleichen Prozessen wie in der Serienproduktion, soweit dies möglich ist.

- Durchführung von Prüfungen bezüglich Lebensdauer, Zuverlässigkeit und Funktionsfähigkeit.

### Was heißt das?

Auf Verlangen des Kunden soll der Lieferant ein umfassendes Prototypenprogramm durchführen. Dies gilt in der Regel nicht für Standardteile. Dabei soll mit den gleichen Unterauftragnehmern, den gleichen Werkzeugen und den gleichen Prozessen gearbeitet werden, die auch für die Serienfertigung vorgesehen sind. Die Prüfungen sollen termingerecht durchgeführt und an die jeweiligen Forderungen des Kunden angepaßt werden. Solange dies vertraglich vergeben wird, soll der Lieferant die technische Leitung übernehmen.

Auditoren achten besonders darauf, daß für Prüfungen nur kalibrierte Meßgeräte genutzt werden.

## *Element 4.4.11 Vertraulichkeit*

### Was fordert die QS-9000?

- Gewährleistung der vertraulichen Behandlung von in Entwicklung befindlichen Produkten des Kunden und darauf bezogenen Informationen.

### Was heißt das?

Aufgrund der erhöhten Einbindung der Lieferanten in den Produktentwicklungprozeß erhalten Lieferanten verstärkt Einblick in sensible produktspezifische Daten. Für den Kunden hat eine vertrauliche Behandlung dieser Daten strategische Bedeutung.

## Element 4.5 Lenkung der Dokumente und Daten

4.5.1    Allgemeines

**4.5.2    Genehmigung und Herausgabe von Dokumenten und Daten**

   **4.5.2.1    Technische Spezifikationen**

4.5.3    Änderungen von Dokumenten und Daten

## *Element 4.5.2 Genehmigung und Herausgabe von Dokumenten und Daten*

### Was fordert die QS-9000?

- Dokumente, auf die in Kundenzeichnungen oder Spezifikationen Bezug genommen wird, müssen in der zuletzt gültigen Ausgabe in allen betroffenen Bereichen verfügbar sein.

### Was heißt das?

Beispiele für Dokumente sind: Technische Zeichnungen, Normen, Produktionsstandards, Materialspezifikationen, Arbeits- und Prüfanweisungen. Die von den Kunden zur Verfügung gestellten Dokumente können zentral aufbewahrt werden, müssen aber leicht verfügbar sein.

## Element 4.5.2.1 Technische Spezifikationen

### Was fordert die QS-9000?

- Alle vom Kunden erhaltenen technischen Normen und Spezifikationen und deren Änderungen müssen in einer angemessenen Zeit geprüft, verteilt und eingeführt werden.

### Was heißt das?

Alle Änderungen müssen durch den Lieferanten in einer angemessenen Zeit eingeführt werden. Eine "angemessene Zeit" bedeutet innerhalb weniger Arbeitstage. Der Lieferant muß bei einer Änderung das Datum der Änderung in den Dokumenten sowie der Einführung dieser Änderung in der Fertigung aufzeichnen und die weiteren davon betroffenen Dokumente aktualisieren. Eine Änderung der Spezifikationen sollte eine Aktualisierung der PPAP-Aufzeichnungen nach sich ziehen.

# Element 4.6   Beschaffung

## Element 4.6.1.1 Freigegebenes Material für die Serienfertigung

### Was fordert die QS-9000?

- Falls eine Liste über vom Kunden freigegebene Unterlieferanten vorliegt, sollen Materialien über diese Unterlieferanten bezogen werden.

### Was heißt das?

Grundsätzlich soll sich der Lieferant bei der Auswahl von Unterlieferanten an der Liste des Kunden über freigegebene Unterlieferanten orientieren. Weitere Unterlieferanten können zwar nach einer Zustimmung des Kunden der Liste hinzugefügt werden, die Verantwortung für Qualität und Lieferfähigkeit der Materialien verbleibt jedoch in jedem Falle beim Lieferanten. Aus diesem Grund sollten Lieferanten Unterauftragnehmer unabhängig von der Freigabe durch den Kunden einer eigenen Bewertung unterziehen.

## Element 4.6.1.2 Gesetzliche, Sicherheits- und Umweltvorschriften

### Was fordert die QS-9000?

- Alle eingesetzten Materialien müssen die gesetzlichen Auflagen für eingeschränkte, giftige und gefährliche Stoffe einhalten. Darüber hinaus müssen die im Hersteller- und Abnehmerland geltenden Bedingungen für Umwelt, Elektrizität und elektromagenetische Felder erfüllt werden.

## Was heißt das?

Freigegebene Materialien sind Materialien, die die Kundenforderungen oder die entsprechenden Industrienormen (z.B. ISO, DIN, SAE) erfüllen. Damit alle Forderungen, einschließlich aller relevanten gesetzlichen Auflagen und Vorschriften, erfüllt werden, sollten die Lieferanten ein System errichten, das die zu regelnden Materialien bestimmt und darüber hinaus sicherstellt, daß allen Forderungen entsprochen wird. Die Unterauftragnehmer sind in dieses System zu integrieren. In Kaufaufträgen oder Unterverträgen müssen sie gewährleisten, daß sie die gestellten Forderungen erfüllen.

## *Element 4.6.2.1 Entwicklung von Unterauftragnehmern (Unterlieferanten)*

### Was fordert die QS-9000?

- Lieferanten müssen die QM-Systeme der Unterauftragnehmer entsprechend der QS-9000 Abschnitt I entwickeln.

### Was heißt das?

Besonders in Fällen, in denen Unterauftragnehmer komplexe Prozesse übernehmen oder kritische Produkte liefern, ist es im Interesse des Lieferanten, die QM-Systeme der Unterlieferanten zu entwickeln. Die Entwicklung von Unterauftragnehmern bezieht sich auf alle Tätigkeiten, die das Qualitätsmanagementsystem des Unterauftragnehmers verbessern. Eine gute Voraussetzung dafür ist eine Partnerschaft, bei der Unterauftragnehmer in Qualitätsplanungen einbezogen werden. Natürlich kann auch vom Unterauftragnehmer ein QS-9000 Zertifikat verlangt werden. Der Lieferant sollte auf jeden Fall eine Bewertung in angemessenen, durch ihn festgelegten Abständen durchführen. Diese Bewertung kann auch vom Kunden oder einer akkreditierten Zertifizierungsstelle übernommen werden.

Auditoren überprüfen, wie Unterauftragnehmer entwickelt und in das Qualitätsmanagementsystem nach QS-9000 integriert werden.

## Element 4.6.2.2 Abrufe von Unterauftragnehmern (Unterlieferanten)

### Was fordert die QS-9000?

- Einführung eines Systems zur Überwachung des Lieferverhaltens.
- Forderung des Lieferanten nach hundertprozentiger Liefertreue durch den Unterlieferanten.
- Bereitstellung von Planungsinformationen und Einkaufszusagen an den Unterlieferanten.

### Was heißt das?

Die Liefertreue wird durch Vergleich des tatsächlichen Lieferdatums mit dem geforderten Lieferdatum gemessen. Dazu muß auf jedem Auftrag an Unterlieferanten das Lieferdatum vermerkt sein. Das einzuführende System zur Messung der Liefertreue sollte zumindest jede verspätete Lieferung erkennen und aufzeichnen sowie entstehende erhöhte Frachtkosten erfassen. Die Bereitstellung von Planungsinformationen und Einkaufszusagen ist für beide Seiten unabdingbar, um eine hundertprozentige Liefertreue überhaupt zu ermöglichen.

Auditoren legen Wert darauf, daß angemessen auf Lieferverzug reagiert wird.

# Element 4.7 Lenkung der vom Kunden beigestellten (bereitgestellten) Produkte

> **4.7 Lenkung der vom Kunden beigestellten (bereitgestellten) Produkte**
> **4.7.1 Kundeneigene Werkzeuge**

## Element 4.7 Lenkung der vom Kunden beigestellten (bereitgestellten) Produkte

### Was fordert die QS-9000?

- Einbeziehung kundeneigener rückzuliefernder Verpackungen in die Verfahren zur Lenkung beigestellter Produkte.

### Was heißt das?

Der Zustand und die Sicherheit von kundeneigenen rückzuliefernden Verpackungen soll geregelt werden. Der Kunde soll benachrichtigt werden, wenn rückzuliefernde Verpackungen abhanden gekommen oder beschädigt sind. Verfahren zur Lenkung von rückzuliefernden Verpackungen gewinnen zunehmend auch im Hinblick auf Recyclingforderungen an Produktionsunternehmen an Bedeutung.

## Element 4.7.1 Kundeneigene Werkzeuge

### Was fordert die QS-9000?

- Permanente Kennzeichnung von kundeneigenen Werkzeugen und Einrichtungen

## Was heißt das?

Die Kennzeichnung der kundeneigenen Werkzeuge und Einrichtungen bewirkt eine eindeutige visuelle Eigentumszuordnung. Sie sollte zumindest Teilenummer und/oder Kundenname umfassen. Grundsätzlich sind alle Kennzeichnungsarten geeignet, die die Rückverfolgbarkeit eindeutig sicherstellen.

# Element 4.8 Kennzeichnung und Rückverfolgbarkeit von Produkten

### Was fordert die QS-9000?

- Kennzeichnung und Rückverfolgbarkeit von allen Produkten.

### Was heißt das?

In der DIN EN ISO 9001, Element 4.8 ist die Kennzeichnung und Rückverfolgbarkeit von Produkten von der Entgegennahme bis zur Lieferung bzw. Montage beim Kunden vorgesehen, sofern dies zweckmäßig ist. Die QS-9000 fordert Kennzeichnung und Rückverfolgbarkeit ausdrücklich für alle Fälle.

# Element 4.9 Prozeßlenkung

**4.9.b.1 Sauberkeit des Arbeitsumfeldes**

**4.9.b.2 Krisenpläne**

**4.9.d.1 Festlegung von besonderen Merkmalen**

**4.9.g.1 Vorbeugende Instandhaltung**

**4.9.1 Prozeßüberwachungs- und Arbeitsanweisungen**

**4.9.2 Aufrechterhaltung der Prozeßlenkung (Prozeßfähigkeit und -leistung)**

**4.9.3 Veränderte Forderungen an die Prozeßlenkung**

**4.9.4 Einrichtprüfung**

**4.9.5 Prozeßänderungen**

**4.9.6 Aussehensabhängige Teile**

## Element 4.9.b.1 Sauberkeit des Arbeitsumfeldes

### Was fordert die QS-9000?

- Produktgemäße Aufrechterhaltung von Ordnung und Sauberkeit des Arbeitsumfeldes.

### Was heißt das?

Die Forderung bezieht sich nicht nur auf die Aufrechterhaltung von Ordnung und Sauberkeit an der Produktionsstätte, sondern auf alle Räumlichkeiten des Unternehmens. "Produktgemäß" bedeutet hier, daß die Art des Produktes die Anforderung an Ordnung und Sauberkeit festlegt.

## *Element 4.9.b.2 Krisenpläne*

### Was fordert die QS-9000?

- Bereitstellung von Krisenplänen (z.B. bei Versorgungsschwierigkeiten, Ausfall von Arbeitskräften oder wichtiger Anlagen, Maschinen etc.), um Lieferungen an den Kunden möglichst auch in Notfällen zu sichern; höhere Gewalt und Naturkatastrophen sind ausgenommen.

### Was heißt das?

Durch besondere Ereignisse ausgelöste Krisen (z.B. Streik), die die geplante termingerechte Lieferung von Produkten an den Kunden gefährden, können auch in einem funktionierenden Qualitätsmanagementsystem auftreten. Um auf solche Eventualitäten vorbereitet zu sein, sind Krisenpläne im Vorfeld zu erarbeiten und auf eine bestmögliche weitere Versorgung des Kunden auszurichten.

## *Element 4.9.d.1 Festlegung von besonderen Merkmalen*

### Was fordert die QS-9000?

- Berücksichtigung aller Kundenforderungen hinsichtlich Festlegung, Dokumentation und Lenkung von besonderen Merkmalen. Darüber sind entsprechende Nachweise zu führen.

### Was heißt das?

Diese Forderung wird in Element 4.2.3 "Qualitätsplanung" und Element 4.5 "Lenkung der Dokumente und Daten" umgesetzt.

## *Element 4.9.g.1 Vorbeugende Instandhaltung*

### Was fordert die QS-9000?

- Entwicklung eines geplanten, wirksamen und umfassenden Instandhaltungssystems, das als Mindestforderung beinhalten soll:

  1) Beschreibung und Planung der Durchführung von Instandhaltungstätigkeiten unter Angabe der einzelnen Verantwortungen.

  2) Vorbestimmte Instandhaltungsmethoden.

  3) Berücksichtigung von Herstellerempfehlungen, Werkzeugverschleiß, Standzeitoptimierung, Flüssigkeitsanalysen, SPC-Daten-Vergleichen bei vorbeugenden Instandhaltungstätigkeiten.

  4) Verfahren zur Verpackung und Aufbewahrung von Einrichtungen, Werkzeugen und Meßgeräten.

  5) Verfügbarkeit von Ersatzteilen für wesentliche Prozeßeinrichtungen.

  6) Dokumentation, Bewertung und Weiterentwicklung der Instandhaltungsziele.

### Was heißt das?

Jedes Instandhaltungssystem muß auf Prävention ausgerichtet sein. "Präventive Instandhaltung" bedeutet, in regelmäßigen Intervallen vorbeugende Instandhaltungstätigkeiten durchzuführen, um die Wahrscheinlichkeit von Fehlern oder Leistungsabfällen zu reduzieren. "Umfassend" bedeutet, daß dies für alle Werkzeuge, Meßgeräte, Maschinen und Einrichtungen gilt. Durch umfassende präventive Instandhaltung werden Fertigungs- und Instandhaltungskosten reduziert, Zuverlässigkeit und Wirtschaftlichkeit gesteigert.

> Bei dem geforderten "geplanten, umfassenden vorbeugenden Instandhaltungssytem" handelt es sich um eine vereinfachte Ausführung des "Total Preventive bzw. Productive Maintainance (TPM)". TPM ist ein umfassendes Konzept zur ständigen Verbesserung der Anlagenverfügbarkeit, das nicht allein auf vorbeugender Instandhaltung beruht (siehe Pocket Power "TPM").

## Element 4.9.1 Prozeßüberwachungs- und Arbeitsanweisungen

### Was fordert die QS-9000?

- Anfertigung von schriftlichen Prozeßüberwachungs- und Arbeitsanweisungen (in Anlehnung an Referenzhandbuch APQP) und deren Bereitstellung an den Arbeitsplätzen der für die Durchführung der Prozesse verantwortlichen Mitarbeiter. Die Anweisungen umfassen oder beziehen sich auf:

    - Operationsbezeichnung und -nummer gemäß des Prozeßablaufdiagramms

    - Teilename und Teilenummer oder Teilefamilie

    - Technischer Änderungsstand

    - Erforderliche Werkzeuge, Lehren und andere Einrichtungen

    - Materialangaben und Behandlungsanweisungen

- Vom Kunden und vom Lieferanten festgelegte besondere Merkmale
- SPC-Forderungen
- Relevante technische und fertigungstechnische Normen
- Prüfanweisungen (vgl. 4.10.4)
- Maßnahmenplan
- Änderungsdatum und Freigaben
- Visuelle Hilfsmittel
- Werkzeugwechsel-Intervalle und Anweisungen für das Einrichten von Maschinen und Fertigungseinrichtungen

### Was heißt das?

Die Prozeßüberwachungs- und Arbeitsanweisungen sollten z.B. anhand von Prozeßablaufdiagrammen, Prozeß-FMEAs und Kontrollplänen während der Produktqualitätsvorausplanung erarbeitet werden (siehe APQP Abschnitt 3.8). Prozeßüberwachungsanweisungen entsprechen Verfahrensanweisungen.

### Element 4.9.2 Aufrechterhaltung der Prozeßlenkung (Prozeßfähigkeit und -leistung)

### Was fordert die QS-9000?

- Aufrechterhaltung (oder Steigerung) der Prozeßfähigkeit oder -leistung, die nach PPAP genehmigt wurden.

- Implementierung von Prüfplan und Prozeßablaufdiagramm. Folgendes sollte mindestens enthalten sein: Meßtechnik, Stichprobenpläne, Annahmekriterien (siehe 4.10.1.1), Maßnahmenpläne bei Nichtannahme.

- Aufzeichnung von wesentlichen Prozeßvorgängen (Werkzeugwechsel, Maschinenreparaturen) auf Regelkarten.

- Angemessene Überarbeitung des Prüfplans, falls die Prozeßdaten auf eine höhere Fähigkeit (z.B. Cpk/Ppk ≥ 3) - siehe PPAP und in Abschnitt II - gebracht werden.

- Durchführung von Korrekturen entsprechend dem Maßnahmenplan für instabile oder nicht fähige Prozesse.

## Was heißt das?

Ein Prozeß, auf den keine systematischen, sondern nur noch zufällige Einflußgrößen wirken, wird als stabil (beherrscht) bezeichnet. Liegt ein stabiler Prozeß vor, kann mit dieses mit Hilfe des Cpk-Wertes bestimmt werden - die sogenannte Prozeßfähigkeit. Ist der Prozeß instabil, ist der Nachweis einer 100%-Inspektion erforderlich. Es müssen die im Maßnahmenplan festgelegten Korrekturen durchgeführt werden. Typische Maßnahmen sind: Verbesserung des Verfahrens, Werkzeugumstellungen oder -veränderungen und Änderungen der Konstruktionsanforderungen des Kunden. Im Maßnahmenplan sollen die einzelnen Termine und Verantwortlichkeiten festgelegt sein, damit sichergestellt wird, daß der Prozeß fähig und stabil wird. Der Maßnahmenplan zur Durchführung von

Korrekturen ist vom Kunden zu genehmigen. Von besonderer Bedeutung ist die Verbesserung des Verfahrens. Der Prozeßfähigkeitsindex Cpk hat in diesem Zusammenhang zwei zusätzliche Bedeutungsinhalte: Messung der kontinuierlichen Verbesserung und Bestimmung der Reihenfolge der zu verbessernden Prozesse.

## Element 4.9.3 Veränderte Forderungen an die Prozeßlenkung

### Was fordert die QS-9000?

- Vermerken der in manchen Fällen von Kunden geforderten höheren oder niedrigeren Prozeßfähigkeitskennwerte auf den entsprechenden Plänen.

### Was heißt das?

In diesen Fällen soll in der Spalte "Product/Process Spezification/Tolerance" des Musterkontrollplanes des APQP ein Vermerk vorgenommen werden.

## Element 4.9.4 Einrichtprüfung

### Was fordert die QS-9000?

- Prüfung nach Einrichtvorgängen, (z.B. aufgrund von Materialänderungen, Fertigungsanläufen nach längerer Stillstandzeit etc.).

- Bereitstellung von schriftlichen Einstellungsanweisungen.

- Verwendung statistischer Methoden zur Einrichtprüfung, soweit anwendbar.

## Was heißt das?

Bei Einrichtprüfungen sollen die vor und nach dem Einrichten gefertigten Teile miteinander verglichen werden. Für einen statistischen Nachweis über die Erfüllung aller Forderungen wird im Glossar der QS-9000 eine Methode zur Einrichtprüfung empfohlen.

## Element 4.9.5 Prozeßänderungen

### Was fordert die QS-9000?

- Führen von Aufzeichnungen über das Einsatzdatum von genehmigten Prozeßänderungen (siehe Element 4.5.3).

### Was heißt das?

Diese Forderung soll daran erinnern, daß Freigaben auch für Prozeßänderungen notwendig sind (siehe Element 4.4.9 "Designänderungen" und Element 4.13.4 "Abweichungsgenehmigung"). Dies betrifft grundsätzlich jede Teilenummer, jeden technischen Änderungsstand, jeden Fertigungsort, jeden Materiallieferanten sowie jede Umstellung des Fertigungsprozesses. Dies gilt auch für Änderungen im Rahmen des Prozesses der ständigen Verbesserung.

## Element 4.9.6 Aussehensabhängige Teile

### Was fordert die QS-9000?

- Für "aussehensabhängige Teile" muß erfüllt werden:
    - Ausreichende Beleuchtung in den Prüfbereichen
    - Bereitstellung von Grenzmustern für Farbe,

Narbung, (metallischer) Glanz, Faserung und
Bildhelligkeit

- Überprüfung und Pflege der Grenzmuster und
  Prüfeinrichtungen (siehe 4.11.2.b)

- Nachweis über die Qualifizierung der eingesetz
  ten Mitarbeiter

## Was heißt das?

"Aussehensabhängige Teile" sind für die Automobilindustrie Teile, die nach der Fertigstellung des Fahrzeugs an
bzw. in diesem sichtbar sind. Im Anhang A2 des Referenzhandbuches PPAP befindet sich ein Formularvordruck
für den Bericht zur Abnahme des Erscheinungsbildes, das
auszufüllen und an den Kunden zu senden ist.

Der Auditor achtet auch darauf, ob die Sauberkeit des
Arbeitsumfeldes ausreicht, um die aussehensabhängigen Anforderungen zu erfüllen (siehe Element
4.9.b.1 "Sauberkeit des Arbeitsumfeldes").

## Element 4.10        Prüfungen

## Element 4.10.1.1 Annahmekriterien für attributive Merkmale

### Was fordert die QS-9000?

- Bei attributiven Daten muß das Annahmekriterium für Stichprobenpläne immer Null Fehler sein.

### Was heißt das?

Für attributive Merkmale müssen alle Teile in einer Stichprobe auf Null Fehler geprüft werden. Weicht der Lieferant von diesem Annahmekriterium ab, z.B. bei visuellen Sichtprüfungen, muß dies dokumentiert und vom Kunden genehmigt werden.

## Element 4.10.2.4 Eingehende Produktqualität

### Was fordert die QS-9000?

- Es müssen eine oder mehrere der folgenden Methoden angewandt werden:

  - Erhalt und Bewertung von statistischen Daten durch den Lieferanten

  - Eingangsprüfung

  - Bereitstellung von statistischen Daten durch den Unterauftragnehmer

  - Bewertung des Unterauftragnehmers durch den Lieferanten oder eine Zertifizierungsstelle

  - Bewertung der Teile durch akkreditierte Laboratorien

## Was heißt das?

Der Lieferant muß nur dann eine Eingangsprüfung vornehmen, wenn weder statistische Daten zur Auswertung bereitgestellt wurden, noch eine Zertifizierung oder Bewertung des Unterauftragnehmers oder eine Bewertung der Teile durch Labore stattgefunden hat. Als Zertifizierung ist auch eine Zertifizierung nach DIN EN ISO 9001 ausreichend.

## *Element 4.10.3 Zwischenprüfung*

### Was fordert die QS-9000?

- Alle direkten Prozeßtätigkeiten sollten auf fehlervermeidende anstatt auf fehlerentdeckende Methoden ausgelegt werden.

### Was heißt das?

Klassische fehlerentdeckende Zwischenprüfungen, wie regelmäßige Sortierprüfungen nach bestimmten Bearbeitungsstufen, deuten darauf hin, daß kein hohes Vertrauen in die Prozeßqualität vorliegt. Ziel der fehlervermeidenden Methoden ist es, die Prozesse stabil und fähig zu gestalten, um auf kostenintensive fehlerentdeckende Zwischenprüfungen verzichten zu können.

## *Element 4.10.4.1 Muster- und Funktionsprüfung*

### Was fordert die QS-9000?

- Für alle Produkte sind Muster- und Funktionsprüfungen in vom Kunden festgelegten Intervallen durchzuführen.

## Was heißt das?

Während sich Eingangs-, Zwischen- und Endprüfungen auf die besonderen Merkmale konzentrieren, bezieht sich die Muster- und Funktionsprüfung auf alle Produkt- und Leistungsmerkmale. Der Inhalt, die Methode und die Intervalle sollen im Kontrollplan festgelegt und vom Kunden genehmigt werden. Die Ergebnisse sind den Kunden nach Aufforderung vorzulegen. Der Lieferant übernimmt auch die Verantwortung für seine Unterlieferanten.

## Element 4.10.4.2 (End-) Produktaudit

### Was fordert die QS-9000?

- Durchführung von Audits für Endprodukte in angemessenen Intervallen. Dabei ist die Übereinstimmung aller Forderungen (z.B. Produkt, Verpackung und Kennzeichnung) zu überprüfen.

### Was heißt das?

Das Audit für Endprodukte erfolgt in der Regel auf Stichprobenbasis nach der regulären Endprüfung der Produkte. Die Auditintervalle können verlängert werden, wenn die PPM-Forderungen des Kunden erfüllt werden.

## Element 4.10.6 Anforderungen an Lieferantenlaboratorien

☞

Das Element 4.10.6 bezieht sich ausschließlich auf Laboreinrichtungen des Lieferanten und nicht auf außerhalb dieser Laboreinrichtungen vorgenommene Prüfungen oder Tests.

## Element 4.10.6.1 Qualitätsmanagement-systeme im Labor

### Was fordert die QS-9000?

- Festlegung des Umfangs der Labortätigkeiten inner-halb der Qualitätsaufzeichnungen.

- Dokumentation aller Grundsätze, Systeme, Programme, Verfahren, Anweisungen und Befunde, die das Labor befähigen, die Qualität der Test- und Kalibrierergebnisse sicherzustellen.

### Was heißt das?

Der Umfang der Labortätigkeiten soll in den Qualitäts-aufzeichnungen schriftlich festgelegt werden. Dabei sollen folgende Punkte enthalten sein:

1. Angaben über Tests, Bewertungen und Kalibrierungen, die das Labor des Lieferanten durch-führen kann (Fähigkeit) und darf (Kompetenz).

2. Eine Liste der Ausrüstung, die für die unter 1. beschriebenen Tätigkeiten verwendet wird.

3. Eine Liste von Methoden und Standards, die bei der Durchführung der unter 1. beschriebenen Tätigkeiten angewendet werden.

Über die Dokumentation der Grundsätze, Systeme etc. soll die Qualitätsfähigkeit des Labors nachgewiesen werden.

## Element 4.10.6.2 Laborpersonal

### Was fordert die QS-9000?

- Ausreichendes Fachwissen und praktische Erfahrung des Laborpersonals.

### Was heißt das?

Die Forderung ist selbsterklärend.

## Element 4.10.6.3 Produktidentifikation und -prüfung im Labor

### Was fordert die QS-9000?

- Nachweis von Verfahren für Eingang, Identifikation, Handhabung, Schutz, Aufbewahrung und Entsorgung von Musterteilen und/oder Gegenständen der Kalibrierungsausrüstung, einschließlich aller notwendigen Vorkehrungen, um die Unversehrtheit der Gegenstände zu erhalten.

- Rückverfolgbarkeit der Laborergebnisse durch Aufbewahrung aller notwendigen Gegenstände bis zur Vorlage der endgültigen Laborwerte.

### Was heißt das?

Die Verfahren sollen in den Kontrollplänen und Verfahrensanweisungen schriftlich niedergelegt werden. Die Muster sollen bis zum Abschluß der Prüftätigkeiten verfügbar sein.

## Element 4.10.6.4 Prozeßregelung im Labor

### Was fordert die QS-9000?

- Überwachung, Überprüfung und Aufzeichnung von relevanten Umwelteinflüssen.

- Erzeugung und Aufrechterhaltung der geforderten Laborbedingungen (z.B. Sterilität, Staubfreiheit, elektromagnetische Interferenz, Feuchtigkeit, Temperatur, Vibration etc.).

### Was heißt das?

Die Forderungen sollen sicherstellen, daß Umwelteinflüsse nicht unbemerkt Laborergebnisse verfälschen. Relevant sind diejenigen Umwelteinflüsse, die die Qualität der Laborergebnisse beeinträchtigen können.

## Element 4.10.6.5 Tests und Methoden zur Kalibrierung im Labor

### Was fordert die QS-9000?

- Anwendung von Tests und/oder Methoden zur Kalibrierung, die den Belangen der Kunden entsprechen und die aktuellen internationalen, nationalen und regionalen Normen erfüllen (siehe 4.11). Das Labor soll die Fähigkeit nachweisen, daß diese Normen erfüllt werden können.

### Was heißt das?

Falls Methoden zum Einsatz kommen sollen, die nicht durch Normen festgelegt sind, dann dürfen diese nur angewandt werden, sofern eine vorherige Übereinkunft mit dem Kunden getroffen wurde.

> Allgemeine Forderungen an Kalibrierungs- und Testlaboratorien sind in der ISO/IEC Guide 25 geregelt (siehe hierzu Element 4.11.2.b.1 "Kalibrierungsdienstleistungen).

## Element 4.10.6.6 Statistische Methoden im Labor

### Was fordert die QS-9000?

- Anwendung von geeigneten statistischen Methoden bei Prüfvorgängen, die Daten erzeugen.

### Was heißt das?

Diese Forderung weist ausdrücklich darauf hin, daß statistische Methoden auch im Labor angewandt werden sollen (siehe auch Element 4.20).

## Element 4.10.7 Akkreditierte Laboratorien

### Was fordert die QS-9000?

- Ausschließliche Nutzung von Laboreinrichtungen akkreditierter Laboratorien, sofern dies vom Kunden vorgeschrieben wird.

### Was heißt das?

Manche Lieferanten verfügen nicht über die für bestimmte Prüfungen erforderlichen Ressourcen. In diesen Fällen dürfen, falls vom Kunden vorgeschrieben, nur kommerzielle oder unabhängige Laboreinrichtungen akkreditierter Laboratorien genutzt werden (siehe auch Element 4.11.2.b.1 "Kalibrierungsdienstleistungen").

## Element 4.11 Prüfmittelüberwachung

4.11.1 Allgemeines

4.11.2 Überwachungsverfahren
   **4.11.2.b.1 Kalibrierungsdienstleistungen**

**4.11.3 Aufzeichnungen über Prüf-, Meß- und Testeinrichtungen**

**4.11.4 Untersuchung von Meßsystemen**

## Element 4.11.2.b.1 Kalibrierungsdienstleistungen

### Was fordert die QS-9000?

- Durchführung der Kalibrierung der Prüfmittel durch ein qualifiziertes lieferanteninternes Labor (siehe 4.10.6) oder ein qualifiziertes unabhängiges Labor (siehe 4.10.7), oder eine vom Kunden anerkannte staatliche Einrichtung. Die Kalibrierung der Prüfmittel soll in dem festgelegten Umfang der Labortätigkeiten aufgeführt werden.

- Kommerzielle / unabhängige Kalibrierungseinrichtungen sollen nach ISO/IEC Guide 25 oder nach einer entsprechenden nationalen Richtlinie akkreditiert sein oder den Nachweis erbringen, daß sie die Forderungen der ISO/IEC Guide 25 oder entsprechender nationaler Richtlinien erfüllen.

### Was heißt das?

Der Umfang der Labortätigkeiten soll innerhalb der Qualitätsaufzeichnungen schriftlich festgelegt werden. Die

Kompetenz der kommerziellen / unabhängige Laboratorien wird durch die Erfüllung der Forderungen der ISO/IEC Guide 25, die zukünftige ISO 17025, sichergestellt. Falls keine Akkreditierung vorliegt, kann der Kompetenznachweis des Labors durch den Kunden erfolgen.

## Element 4.11.3 Aufzeichnungen über Prüf-, Meß- und Testeinrichtungen

### Was fordert die QS-9000?

- Aufzeichnungen von Kalibrierungen aller Lehren, Prüf- und Meßeinrichtungen müssen folgendes enthalten:

    - Vornahme von Neueinstellungen nach technischen Änderungen.

    - Jede außerhalb der Spezifikation liegende Anzeige

    - Feststellung der Übereinstimmung der Spezifikation nach der Kalibrierung

    - fehlerverdächtige Materialien oder Produkte, die vielleicht versandt wurden.

### Was heißt das?

Die Aufzeichnungen gelten für alle Prüf- und Meßmittel, einschließlich derer, die Mitarbeitern gehören. Daten werden nur für die Kalibrierung oder Verifizierung verlangt, nicht aber für die Eigenkalibrierung oder einen automatischen Nullpunktabgleich.

Der Begriff "fehlerverdächtig" wird in Element 4.13.1.1 "Fehlerverdächtige Materialien oder Produkte" erklärt.

## Element 4.11.4 Untersuchung von Meßsystemen

### Was fordert die QS-9000?

- Durchführung angemessener statistischer Untersuchungen für alle im QM-Plan aufgeführten Meßsysteme.

- Anwendung der entsprechenden Annahmekriterien und Methoden nach dem Referenzhandbuch "Meßsystem-Analyse" (MSA).

### Was heißt das?

QS-9000 weist ausdrücklich auf das Referenzhandbuch "Meßsystem-Analyse" hin. Dieses Buch enthält eine Einführung in Meßsysteme, erklärt die Faktoren, die Abweichungen in Meßsystemen hervorrufen, und unterstützt Schritt für Schritt die Vorbereitung und Durchführung von Meßsystem-Analysen. Die angewandten analytischen Methoden sollten mit denen im Referenzhandbuch übereinstimmen. Die wichtigsten Untersuchungen betreffen Genauigkeit, Wiederholbarkeit, Nachvollziehbarkeit, Stabilität und Linearität. Sofern der Kunde einverstanden ist, können auch andere analytische Methoden genutzt werden.

# Element 4.12 Prüfstatus

> **4.12 Prüfstatus**
> **4.12.1 Zusätzliche Überprüfungen**

## *Element 4.12 Prüfstatus*

### Was fordert die QS-9000?

- In einem normalen Produktionsfluß gibt der Fertigungsstatus keinen ausreichenden Hinweis auf seinen Prüfstatus, sofern dieser auf Anhieb nicht erkennbar ist (z.B. Material in Transferstraßen). Abweichungen sind außerhalb von Transferstraßen erlaubt, sofern der Prüfstatus eindeutig identifiziert und dokumentiert ist sowie der verfolgte Zweck erreicht wird.

### Was heißt das?

Die Forderung soll nochmals verdeutlichen, wie wichtig es ist, den Prüfstatus zu jeder Zeit, vom Wareneingang über Produktion, Montage, Lagerung bis zur Auslieferung, zu kennen. Der Fertigungsstatus allein sagt in der Regel nichts über den Prüfstatus und somit auch nichts über die Freigabe aus. Jedoch kann es in einigen Fällen aus wirtschaftlichen oder fertigungstechnischen Gründen zweckmäßig sein, daß Prüfstatus und Fertigungsstatus voneinander abweichen.

## *Element 4.12.1 Zusätzliche Überprüfungen*

### Was fordert die QS-9000?

- Durch den Kunden können zusätzliche Prüfungen bzw. Kennzeichnungen vorgeschrieben werden.

### Was heißt das?

Die Forderung ist in Absprache mit dem Kunden zu erfüllen.

# Element 4.13 Lenkung fehlerhafter Produke

4.13.1 Allgemeines
  **4.13.1.1 Fehlerverdächtige Materialien oder Produkte**
  **4.13.1.2 Optische Kennzeichnung**

4.13.2 Bewertung und Behandlung fehlerhafter Produkte
  **4.13.2.1 Nach Prioritäten geordneter Verbesserungsplan**

**4.13.3 Prüfung nachgearbeiteter Produkte**

**4.13.4 Freigabe von Produkten mittels Sonderfreigabe (Abweichungsgenehmigung)**

## Element 4.13.1.1 Fehlerverdächtige Materialien oder Produkte

### Was fordert die QS-9000?

- Für fehlerverdächtige Materialien oder Produkte sollen die Forderungen wie für fehlerhafte Produkte gelten.

### Was heißt das?

Fehlerverdächtig sind sämtliche Materialien oder Produkte, deren Prüfstatus unsicher ist. Für sie sind die gleichen Korrektur- und Vorbeugemaßnahmen zu treffen wie für fehlerhafte Produkte (siehe Element 4.14 "Korrektur- und Vorbeugungsmaßnahmen").

## Element 4.13.1.2 Optische Kennzeichnung

### Was fordert die QS-9000?

- Optische Kennzeichnung aller fehlerhaften oder fehlerverdächtigen Materialien oder Produkte und aller Sperrbereiche.

### Was heißt das?

Die Forderung erweitert die entsprechende DIN EN ISO 9001-Forderung um fehlerverdächtige Materialien oder Produkte.

## Element 4.13.2.1 Nach Prioritäten geordneter Verbesserungsplan

### Was fordert die QS-9000?

- Produkte, die nicht den Forderungen entsprechen, sollen quantifiziert und analysiert werden. Hierüber ist ein nach Prioritäten geordneter Verbesserungsplan zu erstellen.

### Was heißt das?

Der Verbesserungsplan ist Bestandteil der kontinuierlichen Verbesserung. Mit Hilfe der "Sieben Qualitätswerkzeuge (Q7)" - siehe Pocket Power "Qualitätstechniken" - können fehlerhafte und fehlerverdächtige Produkte bestimmt und untersucht werden. Mittels der Pareto-Analyse werden die Prioritäten für die Fehlerbearbeitung festgestellt.

## Element 4.13.3 Prüfung nachgearbeiteter Produkte

### Was fordert die QS-9000?

- Nacharbeitsanweisungen müssen in den entsprechenden Arbeitsbereichen zugänglich sein und von den betroffenen Mitarbeitern verwendet werden.

- Keine äußerlich sichtbare Nacharbeit an Produkten, die für Kundendienstzwecke bestimmt sind, ohne vorherige Genehmigung durch den Ersatzteilbereich des Kunden.

### Was heißt das?

Nacharbeiten fallen selten an, so daß die Mitarbeiter mit Nacharbeiten nicht in dem Maße wie mit anderen Arbeitsvorgängen vertraut sind. Aus diesem Grund ist die Verwendung von Nacharbeitsanweisungen besonders bedeutsam.

Einen Kundendienstzweck verfolgt das Produkt dann, wenn es Händlern zur Instandhaltung oder Reparatur von Fahrzeugen dient.

## Element 4.13.4 Freigabe von Produkten mittels Sonderfreigabe (Abweichungsgenehmigung)

### Was fordert die QS-9000?

- Für Produkte oder Prozesse, die sich von den gegenwärtigen, genehmigten Produkten oder Prozessen unterscheiden, sollen schriftliche Genehmigungen eingeholt werden. Dies betrifft auch Produkte und Dienstleistungen von Unterauftragnehmern.

- Es sollen Aufzeichnungen über das Auslaufdatum und die genehmigte Stückzahl von Sonderfreigaben geführt werden.

## Was heißt das?

Der Lieferant muß die schriftliche Sonderfreigabe des Kunden nachweisen. In der Regel ist eine Genehmigung auf eine bestimmte Zeit und Stückzahl limitiert. Die mit Sonderfreigabe verschickten Produkte müssen auch als solche gekennzeichnet sein.

Auditoren achten strengstens darauf, daß nach Ablauf der Sonderfreigabe keine abweichenden Produkte mehr verschickt werden.

# Element 4.14   Korrektur- und Vorbeugungsmaßnahmen

4.14.1 Allgemeines
  **4.14.1.1 Problemlösungsverfahren**
  **4.14.1.2 Fehlervermeidung**

4.14.2 Korrekturmaßnahmen
  **4.14.2.1 Prüfung/Analyse zurückge-
        sandter Teile**
  **4.14.2.2 Auswirkung von Korrektur-
        maßnahmen**

4.14.3 Vorbeugungsmaßnahmen

## Element 4.14.1.1 Problemlösungsverfahren

### Was fordert die QS-9000?

- Anwendung von systematischen Problemlösungsverfahren, wenn gegenüber den Spezifikationen oder
Forderungen intern oder extern Fehler festgestellt
werden. Für externe Fehler sind Dokumente der
Kunden zu beachten.

### Was heißt das?

"Systematisches Problemlösungsverfahren" bedeutet, daß
Probleme dokumentiert, Lösungen geplant, Verantwortlichkeiten festgelegt, Wirksamkeiten überprüft und Ergebnisse festgehalten werden. Bei numerischen Daten bieten sich die "Sieben Qualitätswerkzeuge" (Q7), bei nicht

numerischen die "Sieben Managementwerkzeuge" (M7) als systematische Problemlösungsverfahren an. Darüber hinaus eignen sich die in Element 4.2.5.3 genannten Methoden und Maßnahmen.

> Im Rahmen der ständigen Verbesserung sollten die erzielten Ergebnisse nicht nur festgehalten, sondern als Eingangsdaten für weitergehende Verbesserungen genutzt werden.

## Element 4.14.1.2 Fehlervermeidung

### Was fordert die QS-9000?

- Verwendung von Methoden zur Fehlervermeidung innerhalb der Korrektur- und Vorbeugungsmaßnahmen entsprechend der Bedeutung der Probleme und den bestehenden Risiken.

### Was heißt das?

Die Methoden zur Fehlervermeidung sollen nicht nur in der Prozeß- und Designgestaltungsphase (siehe Element 4.2.3.6 "Fehlervermeidung") angewandt werden, sondern auch innerhalb aller Korrektur- und Vorbeugungsmaßnahmen.

## Element 4.14.2.1 Prüfung/Analyse zurückgesandter Teile

### Was fordert die QS-9000?

- Zurückgesandte Teile müssen analysiert und dokumentiert werden. Sofern erforderlich müssen

Korrekturmaßnahmen und Prozeßänderungen durchgeführt werden, um Wiederholungen zu vermeiden.

## Was heißt das?

Zurückgesandte Teile müssen wie fehlerhafte Teile behandelt werden. Diese Forderung entspricht der allgemeinen Forderung in Element 4.14.2 "Korrekturmaßnahmen" der DIN EN ISO 9001. Fehlerhafte Teile müssen analysiert und dokumentiert werden, um die Ursache für Fehler zu entdecken.

Neben den Elementen "Interne Qualitätsaudits" und "QM-Bewertung" betrachten viele Auditoren das Element 4.14 als das wichtigste.

## Element 4.14.2.2 Auswirkung von Korrekturmaßnahmen

### Was fordert die QS-9000?

- Sinnvolle Übertragung der vorgenommenen Korrekturmaßnahmen und eingeführten Prüfungen auf vergleichbare Prozesse und Produkte, um auch in diesen Bereichen mögliche Fehlerursachen zu eliminieren.

### Was heißt das?

Die Erfahrungen, die aufgrund eines spezifischen Problems gemacht wurden, sollen für vergleichbare (mögliche) Probleme nutzbar gemacht werden.

# Element 4.15 Handhabung, Lagerung, Verpackung, Konservierung und Versand

4.15.1 Allgemeines

4.15.2 Handhabung

4.15.3 Lagerung
  **4.15.3.1 Bestand**

4.15.4 Verpackung
  **4.15.4.1 Verpackungsnormen des Kunden**
  **4.15.4.2 Kennzeichnung**

4.15.5 Konservierung

4.15.6 Versand
  **4.15.6.1 Überwachung der Lieferleistungen**
  **4.15.6.2 Produktionsplanung**
  **4.15.6.3 Computergestützte Kommunikation**
  **4.15.6.4 Liefer-Meldesystem**

## Element 4.15.3.1 Bestand

### Was fordert die QS-9000?

- Einführen eines Bestandsführungssystems zur Minimierung des Bestandes, zur Optimierung der Bestandsumschlagzeiten und zur Sicherstellung des Lageraustausches.

### Was heißt das?

Das System zur Bestandsführung dient zur Ermittlung eines optimalen, nicht minimalen Bestandes, da nur ein optimaler Bestand bei vorgegebenem Lieferbereitschaftsgrad (Maß für die Lieferzuverlässigkeit) zu minimalen Lager- und Beschaffungskosten führt. Der Lieferbereitschaftsgrad spiegelt das Verhältnis von eingegangenen zu erfüllten Aufträgen wider (siehe auch die Forderung "Lieferleistung" in Element 4.15.6.1). Damit ein Lageraustausch auf der Basis "First-in-first-out (FIFO)" gewährleistet ist, muß das Bestandsführungssystem die Zugänge der zeitlichen Reihenfolge nach ordnen.

## Element 4.15.4.1 Verpackungsnormen des Kunden

### Was fordert die QS-9000?

- Die vom Kunden vorgegebenen Verpackungsnormen und -richtlinien sollen eingehalten werden.

### Was heißt das?

Diese Forderung ist selbsterklärend.

## Element 4.15.4.2 Kennzeichnung

### Was fordert die QS-9000?

- Für die zu versendenden Materialien muß vom Lieferanten ein System entwickelt werden, das sicherstellt, daß die versandten Materialien entsprechend den Forderungen der Kunden gekennzeichnet sind.

## Was heißt das?

Unter Berücksichtigung der Forderungen der Kunden sollte eine Kennzeichnung sowohl an der Versand- und Materialverpackung als auch am Material selbst vorgenommen werden. Die Kennzeichnung soll transportsicher und witterungsbeständig sein.

Mängel bei der Verpackung, Kennzeichnung oder den Begleitdokumenten sind Fehler, die der Kunde auf Anhieb entdeckt. Imageverluste werden durch sorgfältiges Vorgehen bei Kennzeichnung und Verpackung vermieden.

## Element 4.15.6.1 Überwachung der Lieferleistungen

### Was fordert die QS-9000?

- Aufbau eines Systems, das die hundertprozentig termingerechte Auslieferung unterstützt. Falls nicht termingerecht geliefert wird, müssen entsprechende Analysen und Korrekturen durchgeführt und der Kunde informiert werden.

- Die Lieferzeiten müssen mit Hilfe eines systematischen Verfahrens geprüft und überwacht werden.

- Die Lieferleistung muß im Verhältnis zu den Aufträgen verfolgt werden.

- Die vom Kunden vorgegebenen Transportarten und -wege müssen eingehalten werden.

## Was heißt das?

In Element 4.2.5 "Ständige Verbesserung" sind Termin- und Liefertreue wichtige, ständig zu verbessernde Faktoren. Verbesserungen sollen sowohl bei Bearbeitungs- als auch bei Lieferzeiten erzielt werden. Eine hundertprozentig termingerechte Lieferung ist jedoch nur innerhalb einer Partnerschaft zwischen Lieferant und Kunde möglich. Das bedeutet, daß der Kunde wesentliche Informationen und Mittel rechtzeitig bereitstellt und den Zeitpunkt der Auf-tragsübermittlung so wählt, daß dem Lieferanten Zeit zur Ausführung und termingerechten Lieferung bleibt.

## Element 4.15.6.2 Produktionsplanung

### Was fordert die QS-9000?

- Die Produktionsplanung soll sich an den Aufträgen orientieren.

### Was heißt das?

Die auftragsorientierte Produktionsplanung sollte es ermöglichen, kleine Lieferumfänge synchron in einem ständigen Materialfluß zu liefern. Dies läuft auf eine bedarfsorientierte "Just-in-Time-Produktion" hinaus.

## Element 4.15.6.3 Computergestützte Kommunikation

### Was fordert die QS-9000?

- Bereitstellung eines computergestützten Systems für den Erhalt von Planungsinformationen und Liefervorgaben des Kunden - sofern der Kunde nicht darauf verzichtet.

## Was heißt das?

Diese Forderung ist selbsterklärend, siehe aber auch Element 4.15.6.4 "Liefer-Meldesystem".

# Element 4.15.6.4 Liefer-Meldesystem

## Was fordert die QS-9000?

- Sofern der Kunde nicht darauf verzichtet, soll ein Rechnersystem für die direkte Datenübertragung der Vorabmeldung von Lieferungen (ASN - Advanced Shipping Notification) angewandt werden.

- Es muß ein Notfallsystem für den Ausfall der direkten Datenübertragung unterhalten werden.

- Die Übermittlungsdaten müssen mit den Lieferunterlagen und Kennzeichnungen übereinstimmen.

## Was heißt das?

Ein direktes Datenübertragungssystem für die Ankündigung von Lieferungen erfordert keine zusätzlichen Arbeitsschritte (wie z.B. eine Faxübermittlung), denn die Daten gelangen direkt in die Datenverwaltung des Kunden. An das Notfallsystem werden keine bestimmten Anforderungen gestellt; ein System zur Datensicherung muß vorhanden sein.

Führt das Datenübertragungssystem auch den Ausdruck der Lieferunterlagen und Kennzeichnungen durch, können durch Menschen verursachte Übertragungsfehler auf die Eingabedaten reduziert werden.

# Element 4.16    Lenkung von Qualitätsaufzeichnungen

## 4.16.1    Aufbewahrung von Aufzeichnungen

## Element 4.16.1 Aufbewahrung von Aufzeichnungen

### Was fordert die QS-9000?

- Mindestzeiten für die Aufbewahrung von bestimmten qualitätsrelevanten Aufzeichnungen:

    - Ein Kalenderjahr nach Produktauslauf für Teilefreigaben, Werkzeugberichte, Kaufverträge und Ergänzungen, sofern durch den Kunden nicht anders bestimmt.

    - Ein Kalenderjahr nach dem Jahr, nach dem sie erstellt wurden - für Regelkarten und Prüfaufzeichungen

    - Drei Jahre für Qualitätsauditaufzeichnungen und QM-Bewertungen durch die oberste Leitung

Der Lieferant kann längere Aufbewahrungszeiten vorsehen.

### Was heißt das?

Alle genannten Aufbewahrungszeiten sind Mindestzeiten, darüber hinaus sind Kundenforderungen, gesetzliche Vorschriften und Aspekte der Produkthaftung zu beachten. Außerdem müssen Aufbewahrungszeiten auch für Unterlieferanten beachtet werden.

# Element 4.17 Interne Qualitätsaudits

## 4.17.1  Interne Auditpläne

### Element 4.17.1 Interne Auditpläne

#### Was fordert die QS-9000?

- Berücksichtigung sämtlicher Arbeitsschichten innerhalb des internen Audits.

- Durchführung der internen Audits nach einem jähr-
  lich aktualisierten Auditplan.

- Erhöhung der Auditfrequenz bei Auftreten von internen oder externen Fehlern oder Kundenbeschwerden.

#### Was heißt das?

In dieser Forderung wird ausdrücklich darauf hingewiesen, daß sämtliche Arbeitsschichten bei internen Audits
berücksichtigt werden müssen. Die Auditfrequenz soll
nach aufgetretenen Fehlern erhöht werden, um die Wir-
kung der entsprechenden Korrekturmaßnahmen in einer
angemessenen Zeit nachweisen zu können.

Das interne Qualitätsaudit ist eines der wichtigsten
Instrumente der QS-9000. Auditoren legen besonderen
Wert auf dieses Element.

# Element 4.18    Schulung

## 4.18.1  Wirksamkeit von Schulungsmaßnahmen

*Element 4.18.1 Wirksamkeit von Schulungsmaßnahmen*

### Was fordert die QS-9000?

- Periodische Überprüfung der Wirksamkeit von Schulungsmaßnahmen

### Was heißt das?

Die Richtlinie gibt keine bestimmte Methode zur Überprüfung der Wirksamkeit von Schulungsmaßnahmen vor. Eine mögliche Vorgehensweise ist die Befragung der Teilnehmer unmittelbar nach Beendigung der Schulungsmaßnahme zur Bewertung des Schulungskurses und eine Befragung nach einem Zeitraum von mehreren Wochen oder Monaten zur Bewertung der erworbenen Fähigkeiten der Teilnehmer. Dabei soll besonders die Relevanz der erworbenen Fähigkeiten der Teilnehmer für die Lösung der am Arbeitsplatz zu bearbeitenden Aufgaben berücksichtigt werden.

# Element 4.19 Wartung (Kundendienst)

> ## 4.19.1    Rückinformation über Wartungsarbeiten

## Element 4.19.1 Rückinformation über Wartungsarbeiten

### Was fordert die QS-9000?

- Erstellung und Aufrechterhaltung eines Verfahrens für Rückinformationen bei Wartungsarbeiten an die Fertigungs-, Entwicklungs- und Designbereiche.

### Was heißt das?

Rückinformationen bei Wartungsarbeiten betreffen z.B. die Zuverlässigkeit oder Brauchbarkeit von Produkten, die Verfügbarkeit von Ersatzteilen und die Anwendbarkeit des Benutzerhandbuches. Diese Informationen sollten zentral gesammelt werden. Das in diesem Element geforderte Verfahren muß sicherstellen, daß die Informationen an die jeweiligen Bereiche weitergegeben und dort auch genutzt werden, daß in den Bereichen Maßnahmen getroffen und diese schriftlich mitgeteilt werden. Eine anschließende Dokumentation und Auswertung kann als Grundlage für weitere Verbesserungen dienen.

# Element 4.20 Statistische Methoden

4.20.1 Feststellen des Bedarfs

4.20.2 Verfahren

**4.20.3 Auswahl der statistischen Methoden**

**4.20.4 Grundkenntnisse über statistische Methoden**

## Element 4.20.3 Auswahl der statistischen Methoden

### Was fordert die QS-9000?

- Bestimmung der erforderlichen statistischen Methoden für jeden Prozeß während der Qualitätsplanung und deren Aufnahme in den Kontrollplan (falls angemessen).

### Was heißt das?

Während der Qualitätsplanung werden die Produktmerkmale untersucht. Dies ist der richtige Zeitpunkt, um die statistischen Methoden festzulegen, mit denen die Einhaltung der Produktmerkmale überwacht werden soll.

## Element 4.20.4 Grundkenntnisse über statistische Methoden

### Was fordert die QS-9000?

- Soweit erforderlich, sollten in der gesamten Organisation des Lieferanten Grundkenntnisse über statistische Methoden vorhanden sein.

## Was heißt das?

Um diese Forderung zu erfüllen, reicht es nicht aus, Mitarbeiter in der reinen Anwendung statistischer Methoden zu schulen. Darüber hinaus müssen Grundkenntnisse der Statistik vermittelt werden, damit Mitarbeiter statistische Methoden überhaupt sinnvoll anwenden können. Nicht alle Mitarbeiter benötigen die gleichen statistischen Kenntnisse. Die von ihnen anzuwendenden Methoden bestimmen den Umfang der benötigten statistischen Grundkenntnisse.

Für die Entwicklung des Verständnisses von Statistik sollte im Unternehmen ein kompetenter Ansprechpartner für Schulung und Betreuung zur Verfügung stehen.

## 4.2 ABSCHNITT II: KUNDENSPEZIFISCHE FORDERUNGEN

In Abschnitt II befinden sich zusätzliche spezielle Forderungen von Chrysler, Ford, General Motors und fünf weiterern Nutzfahrzeugherstellern: Freightliner, Mack Trucks, Navistar, PACCAR und Volvo GM. Liefert ein Lieferant an einen oder mehrere dieser Fahrzeughersteller, muß er nachweisen, daß er die speziellen Forderungen dieses oder dieser Fahrzeughersteller(s) erfüllt. Leider verdeutlicht Abschnitt II, daß die US-amerikanischen Fahrzeughersteller keine Einigung über alle Forderungen treffen konnten. Der Abschnitt beschreibt die zusätzlichen durch den jeweiligen Fahrzeughersteller aufgestellten Forderungen und enthält Bibliographien von weiteren für den Lieferanten relevanten Veröffentlichungen. Jeder Fahrzeughersteller benutzt unterschiedliche Zeichen und Namen für besondere Merkmale und Symbole (z.B. Chrysler ein Pentagon für kritische Werkzeuge). Die richtige und vollständige Benutzung muß nachgewiesen werden (siehe hierzu Anhang C der QS-9000). Da die Forderungen des Abschnitts II nur von Fall zu Fall Anwendung finden, diese aber keine schwierigen oder überraschenden Anweisungen darstellen, werden diese speziellen Forderungen bezüglich Stichprobenprüfung, Problemlösungsmethoden, Berichtsformate usw. hier nicht weiter erläutert.

Anders als in Abschnitt I überprüfen die Auditoren in Abschnitt II nicht die Wirksamkeit. Es wird nur überprüft, ob die jeweiligen Forderungen bekannt, verstanden und umgesetzt sind.

# 5. VDA 6.1

## 5.1 Was ist die VDA 6.1?

Die VDA-Schrift Nr. 6, Teil 1, "Qualitätsmanagement-Systemaudit - materielle Produkte" ist Teil der Schriftenreihe "Qualitätsstandard der deutschen Automobilindustrie (VDA 6)". Der Aufbau dieser Schriftenreihe ist in Bild 2 dargestellt. VDA 6.1 ist eine vom Verband der Automobilindustrie e.V. (VDA) entwickelte Richtlinie zur Bewertung von Qualitätsmanagementsystemen. Die Richtlinie wurde auf der Grundlage der DIN EN ISO 9004 (Ausgabe 5/90) als Fragenkatalog entwickelt und erstmals 1991 veröffentlicht. Sie ist mittlerweile in der 3. Auflage erschienen. Enthalten sind alle Elemente der Norm DIN EN ISO 9001 (Ausgabe 8/94), einzelne spezifische Forderungen aus der Norm DIN EN ISO 9004 (Ausgabe 8/94) und aus der Praxis der Automobilindustrie. Darüber hinaus sind Forderungen aus der QS-9000/95 (USA) und der EAQF94 "Referentiel d'evaluation d'aptitude qualité fournisseurs - Bewertung der Qualitätsfähigkeit der Lieferanten" (Frankreich) berücksichtigt. Durch einen intensiven Vergleich der französischen und deutschen Forderungen wurde die Vergleichbarkeit beider Bewertungsverfahren festgestellt und beschlossen, die Audits und ihre Ergebnisse gegenseitig anzuerkennen. Die Anerkennung gilt auch für die Forderungen des italienischen Automobilverbandes, so daß für die italienischen und französischen Forderungen keine zusätzliche Erläuterungen notwendig sind.

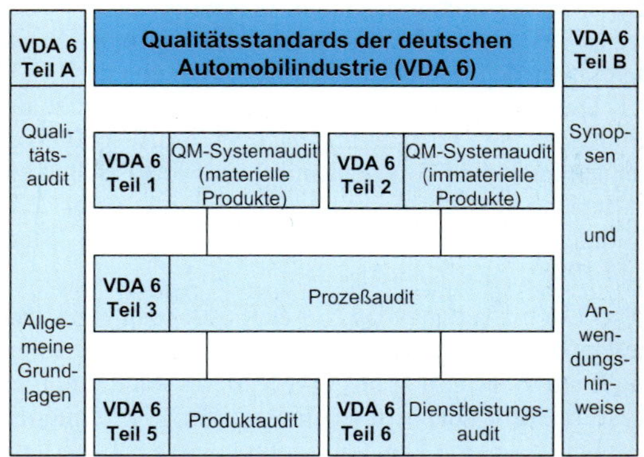


*Bild 2: Schriftenreihe: Qualitätsstandard der
deutschen Automobilindustrie*

## 5.2 Wer ist von der VDA 6.1 betroffen?

Die VDA 6.1 richtet sich an alle Produzenten in der
Automobilindustrie. Wie bei der QS-9000 ist es jedem
Unternehmen außerhalb dieses Industriezweiges freige-
stellt, ein QM-System an der VDA 6.1 auszurichten. Pro-
duzenten der Automobilindustrie sind Hersteller von
Kraftfahrzeugen und Anhängern sowie von Aufbauten,
Teilen, Zubehör und Containern für Kraftfahrzeuge und
Anhänger. Hauptsächlich Lieferanten und Unter-
lieferanten, deren Teile in das Endprodukt Automobil ein-
fließen oder dessen Qualität beeinflussen, sind von der
VDA 6.1 betroffen.

Unter den Automobilhersteller fordert nur der VW-Konzern (VW, Audi, SEAT, Skoda) von seinen Direktlieferanten den Nachweis einer Zertifizierung nach VDA 6.1. Die anderen Automobilhersteller fordern nicht ausdrücklich eine Zertifizierung nach VDA 6.1, sondern erkennen auch die US-amerikanischen, französischen und italienischen Richtlinien an oder nehmen selbst eine Auditierung des Lieferanten nach VDA 6.1 vor (Stand Juni 1998).

Die VDA 6.1 verlangt daß, vor der Festlegung von Unterlieferanten eine Beurteilung der Unterlieferanten erfolgen muß. Die Beurteilung des QM-Systems kann durch ein Systemaudit durch den Lieferanten, Systemauditergebnisse anderer Kunden (Lieferanten) des Unterlieferanten oder durch eine Zertifizierung durch akkreditierte Zertifizierungsgesellschaften erfolgen. Für international tätige Unternehmen empfiehlt der VDA Zertifizierungen durch Zertifizierungsgesellschaften, damit Auditergebnisse gegenseitig anerkannt werden können und Kosten durch wiederholte Auditierungen verschiedener Lieferanten umgangen werden. Grundlage der Bewertung ist die VDA 6.1, jedoch müssen VDA Band 2 "Sicherung der Qualität von Lieferungen - Lieferantenauswahl/ Bemusterung/ Qualitätsleistung in der Serie" und VDA Band 7 "Grundlagen zum Austausch von Qualitätsdaten - Abwicklung von Qualitätsdaten-Nachrichten" berücksichtigt werden. Wie bei der QS-9000 besteht jedoch keine generelle Forderung nach einer Zertifizierung von Unterlieferanten. Die Forderungen des VDA entsprechen somit den Forderungen der QS-9000. Aufgrund einer Vereinbarung mit den Fahrzeugherstellern mit Stammsitz in den USA sind Forderungen bezüglich Unterlieferanten durch die VDA-Forderungen abgedeckt. Das bedeutet: Das QM-System eines Unterlieferanten nach VDA 6.1 kann auch nach der QS-9000 anerkannt werden.

## 5.3 Wie ist die VDA 6.1 aufgebaut?

Die VDA 6.1 ist im Vergleich zur QS-9000 sehr einfach aufgebaut, da sie nur aus einem Dokument besteht. Der Inhalt untergliedert sich im wesentlichen in die Beschreibung des QM-Systemaudits, die Begriffsbestimmung und den Fragenkatalog. Der Fragenkatalog besteht aus zwei Teilen.

1) **Teil U:** Unternehmensführung mit 6 Elementen (plus einem freigestellten Element) und 31 (bzw. 36) Fragen

2) **Teil P:** Produkt und Prozeß mit 16 Elementen und 89 Fragen

Die Gliederung der VDA 6.1 verdeutlicht den hohen Stellenwert der Unternehmensführung bei Qualitätsmaßnahmen. Die ressortspezifischen Fragen müssen vom jeweiligen Hauptverantwortlichen im Unternehmen und nicht vom Qualitätsleiter beantwortet werden. Der Qualitätsleiter soll nur zum Qualitätswesen befragt werden. Weil jede der 125 Fragen zusätzlich erläutert und durch Beispiele ergänzt wird, ist der Fragenkatalog weitgehend selbsterklärend und deshalb für die Praxis hervorragend geeignet. Die Gliederung der VDA 6.1 im Vergleich zur DIN EN ISO 9001 zeigt Bild 3.

| Fragen-teil | Fragen-katalog-Nr. | Abschnittstitel in VDA 6.1 | Abschnittsnummer in DIN EN ISO 9001 |
|---|---|---|---|
| Unternehmensführung | 01 | Verantwortung der Leitung | 4.1 |
| | 02 | Qualitätsmanagementsystem | 4.2 |
| | 03 | Interne Qualitätsaudits | 4.17 |
| | 04 | Schulung, Personal | 4.18 |
| | 05 | Finanzielle Überlegungen zu Qualitätsmanagementsystemen | |
| | 06 | Produktsicherheit | |
| | Z1 | Unternehmensstrategie | |
| Produkt und Prozeß | 07 | Vertragsprüfung, Qualität im Marketing | 4.3 |
| | 08 | Designlenkung (Produktentwicklung) | 4.4 |
| | 09 | Prozeßplanung (Prozeßentwicklung) | (4.4) |
| | 10 | Lenkung der Dokumente und Daten | 4.5 |
| | 11 | Beschaffung | 4.6 |
| | 12 | Lenkung der vom Kunden beigestellten Produkte | 4.7 |
| | 13 | Kennzeichnung und Rückverfolgbarkeit von Produkten (Prozeßlenkung, Prüfstatus) | 4.8 4.9 4.11 4.12 |
| | 14 | Prozeßlenkung | 4.9 |
| | 15 | Prüfungen | 4.10 |
| | 16 | Prüfmittelüberwachung | 4.11 |
| | 17 | Lenkung fehlerhafter Produkte | 4.13 |
| | 18 | Korrektur- und Vorbeugungsmaßnahmen | 4.14 |
| | 19 | Handhabung, Lagerung, Verpackung, Konservierung und Versand | 4.15 |
| | 20 | Lenkung von Qualitätsaufzeichnungen | 4.16 |
| | 21 | Wartung (Kundendienst, Aufgaben nach der Produktion) | 4.19 |
| | 22 | Statistische Methoden | 4.20 |

*Bild 3: Vergleich der Gliederungen der VDA 6.1 und DIN EN ISO 9001*

## 5.4 Was sind die wesentlichen Unterschiede der VDA 6.1 zur QS-9000?

Die VDA 6.1 besteht aus insgesamt 23 Elementen, wenn das zusätzliche Element Z1 "Unternehmensstrategie" einbezogen wird. Sie baut wie die QS-9000 auch auf der DIN EN ISO 9001 auf. Trotz dieser Gemeinsamkeit scheint die VDA 6.1 bei einer ersten oberflächlichen Betrachtung im Vergleich zur QS-9000 völlig unterschiedliche Forderungen zu beinhalten. Der Eindruck wird dadurch erweckt, daß die Gliederung und die Formulierungen der Forderungen der beiden Richtlinien unterschiedlich sind. Dieser Eindruck wird dadurch noch verstärkt, daß die VDA 6.1 im Gegensatz zur QS-9000 die einzelnen Forderungen als Frage formuliert. Nach einem intensiven und umfangreichen Vergleich der beiden Richtlinien, der sich als ausgesprochen kompliziert und schwierig erweist, ist jedoch festzustellen, daß die Inhalte der Forderungen im wesentlichen übereinstimmen. Die Gegenüberstellung der Fragen der VDA 6.1 zu den Forderungen der QS-9000 ergibt, daß in folgenden Elementen der VDA 6.1 Fragen mit zusätzlichen Forderungen bestehen:

➢ Element 05 Finanzielle Überlegungen zu Qualitätsmanagementsystemen

**Frage 5.1 bis 5.4**

➢ Element 06 Produktsicherheit

**Frage 6.1 und 6.4**

➢ Element Z1 Unternehmensstrategie

**Frage Z1.5**

➤ Element 07 Vertragsprüfung, Qualität im Marketing
### Frage 7.1 und 7.3
➤ Element 21  Wartung - Kundendienst, Aufgaben nach der Produktion
### Frage 21.1 und 21.2

Die Inhalte dieser Fragen werden im folgenden als Forderungen formuliert, erläutert und mit Beispielen ergänzt.

# 6. ERLÄUTERUNG DER INHALTLICHEN UNTERSCHIEDE DER VDA 6.1 ZUR QS-9000

## 6.1 UNTERSCHIEDE IN TEIL U: UNTERNEHMENSFÜHRUNG

### Element 05 Finanzielle Überlegungen zu Qualitätsmanagementsystemen

#### Frage 05.1 Verfahren zur finanziellen Berichterstattung

**Was fordert die VDA 6.1?**

- Einführung eines Verfahrens zur finanziellen Berichterstattung über die Wirksamkeit des QM-Systems.

**Was heißt das?**

Unternehmen müssen finanzielle Kennzahlen, die die Effektivität des QM-Systems nachweisen, erfassen und auswerten. Korrektur- oder Verbesserungsmaßnahmen müssen eingeleitet werden.

Die Verfahren, die Methode und Kostenstruktur sind darzulegen. Mögliche Methoden finanzieller Berichterstattung sind z.B. Aufwendungen für:

- qualitätsbezogene Kosten (Fehlerverhütung, Prüfung, interne und externe Fehler) oder

- prozeßbezogene Kosten (Konformitäts - und Fehlerkosten) oder

- qualitätsbezogene Verluste (interne und externe materielle und immaterielle Verluste).

Der Unternehmensleitung müssen Berichte über Höhe, Verlauf und Analyse der Aufwendungen bezüglich Fehler und Fehlerursachen vorgelegt werden.

## Frage 05.2 Auswertung der finanziellen Berichterstattung

### Was fordert die VDA 6.1?

- Durchführung einer regelmäßigen finanziellen Berichterstattung und Auswertung durch die Verantwortlichen.

### Was heißt das?

Die Berichterstattung und Auswertung sollte regelmäßig, in übersichtlicher Form und auf Meßgrößen wie "Verkäufe", "Umsatz" oder "Wertschöpfung" bezogen sein. Damit Trends und Verbesserungspotentiale erkennbar sind, müssen Meßgrößen bzw. Kenngrößen auf Zielwerte ausgerichtet werden. Zusätzlich müssen für die nachfolgende Periode Qualitäts- und Kostenziele festgelegt werden.

## Frage 05.3 Nachweis der internen Verluste

### Was fordert die VDA 6.1?

- Nachweis der internen Verluste infolge unzureichender Qualität.

## Was heißt das?

"Interne Verluste" als Verluste infolge unzureichender Qualität vor der Auslieferung sind zeit- und produktbezogen darzustellen. Beispiele sind: Ausschuß, Nacharbeit, Mengenabweichungen, Wiederholungsprüfungen und fehlerbedingte Ausfallzeiten.

## Frage 05.4 Nachweis der externen Verluste

### Was fordert die VDA 6.1?

- Nachweis der externen Verluste infolge unzureichender Qualität.

### Was heißt das?

"Externe Verluste" als materielle und immaterielle Verluste infolge unzureichender Qualität nach der Auslieferung sind verursachungsgerecht und zeit- bzw. produktbezogen darzustellen. Beispiele für materielle Verluste sind: Nacharbeit, Garantieleistungen und Kosten für Produkthaftung. Beispiele für immaterielle Verluste sind: Imageverlust und Kundenabwanderung wegen Unzufriedenheit.

## Element 06 Produktsicherheit

### Frage 06.1 Grundsätze der Produkthaftung

### Was fordert die VDA 6.1?

- Kenntnis der Grundsätze der Produkthaftung im Unternehmen.

### Was heißt das?

Alle Mitarbeiter, die relevante Anweisungen zur Produktsicherheit geben, müssen die Grundsätze der Produkthaftung kennen. Grundkenntnisse der Produkthaftung betreffen u.a die Fehlerdefinition nach § 3 des Produkthaftungsgesetz (ProdHaftG), den erweiterten Herstellerbegriff nach § 4 des ProdHaftG, die Beweislastumkehr, die verschuldensunabhängige Haftung, den Mangelfolgeschaden und die Bedeutung des Standes der Technik.

Der Nachweis der Kenntnis erfolgt z.B. durch die Information und Qualifizierung von Verantwortlichen, eine interne oder externe Rechtsberatung, das Bestehen einer Produkthaftpflichtversicherung und die Beobachtung von Wissenschaft und Technik.

☞

> Nach dem Fehlerbegriff des ProdhaftG kann ein technisch einwandfreies Produkt durch eine ungenügende Gebrauchs- oder Einbauleitung im Sinne des ProdhaftG fehlerhaft werden.

## Frage 06.4 Notfallpläne

### Was fordert die VDA 6.1?

- Vorhandensein von Notfallplänen und Verfahren zur Eingrenzung fehlerhafter Produkte.

### Was heißt das?

Notfallpläne müssen entsprechend den Produktrisiken zur Schadensbegrenzung fehlerhafter Produkte festgelegt werden. Zur Eingrenzung fehlerhafter Produkte sollen die Pro-

ċukte in einem Fertigungsablauf von der Auslieferung bis
hin zu eingesetzten Materialien und Verfahren rückverfolg-
bar sein. Verfahren zur Eingrenzung fehlerhafter Produkte sind z.B. Kennzeichnung am Teil oder Produkt, Los-
oder Chargenkennzeichnung, Produktverifizierung, Trans-
port- und Lagerkennzeichnung, Beachtung des "First-in/
first-out"-Prinzips, Verfallsdaten und Notfallpläne für
Produktrückrufe.

# Element Z1 Unternehmensstrategie

## *Frage Z1.5 Mitarbeiterzufriedenheit*

### Was fordert die VDA 6.1?

- Mitarbeiterzufriedenheit soll im Unternehmen ein
  Grundsatz der Unternehmensleitung sein und kontinuierlich gepflegt werden.

### Was heißt das?

Durch einen umfassenden Qualitätsansatz sollen die Be-
dürfnisse und Erwartungen der Mitarbeiter kontinuierlich erfüllt werden. Eindrücke und Empfinden der Mitarbeiter werden u.a. beeinflußt durch: Arbeitsbedingungen,
Gesundheits- und Sicherheitsvorkehrungen, Führungsstil,
Kenntnis der Arbeitsforderungen und Mitarbeiter-
entwicklung. Mögliche Meßgrößen für die Mitarbeiterzufriedenheit sind: Abwesenheits- und Krankheitsquoten,
Personalfluktuation, problemlose Nachwuchsbeschaffung
und Inanspruchnahme betrieblicher Einrichtungen.

> Führen Sie wie für die Befragung zur Kundenzu-
> friedenheit auch Befragungen zur Mitarbeiterzu-
> friedenheit durch.

## 6.2 UNTERSCHIEDE IN TEIL P: PRODUKT UND PROZEß

## Element 07 Vertragsprüfung, Qualität im Marketing

### Frage 07.1 Qualität im Marketing

**Was fordert die VDA 6.1?**

- Einbeziehen einer Funktion Marketing in die Ablauf-
  organisation.

**Was heißt das?**

Die Qualitätsforderungen und -erwartungen an ein Produkt sollen durch das Marketing ermittelt, definiert und
dokumentiert werden. Das Marketing ermittelt den Bedarf für ein Produkt, legt den Marktsektor fest, ermittelt
die spezifischen Kundenforderungen oder die allgemeinen
Markterfordernisse, gibt die Kundenforderungen innerhalb der Organisation bekannt. Es soll eine Ablauforgani-
sation festgelegt werden, in die alle beteiligten Funktions-
bzw. Organisationseinheiten eingebunden sind. Die "Ab-
lauforganisation" bestimmt die Handlungsfolge zur Erle-
digung bestimmter Vorgänge, z.B. bei einer Marktanaly-
se.

### *Frage 07.3 Angebotserstellung*

#### Was fordert die VDA 6.1?

- Ermittlung und Berücksichtigung aller entscheiden-
den Kostenblöcke für ein Angebot.

#### Was heißt das?

Von den verantwortlichen Bereichen werden die Kosten
für eine Angebotserstellung ermittelt und in die Gesamt-
kalkulation eingebracht. Die Einzelkostenblöcke sollten
z.B. beinhalten: Entwicklungskosten, Materialkosten, In-
vestitionen, Kosten für Qualitätssicherungsmaßnahmen,
Transport- und Verpackungskosten, Wertschöpfungsan-
teile und Gemeinkosten.

## Element 21 Wartung (Kundendienst, Aufgaben nach der Produktion)

### *Frage 21.1 Gebrauchs- und Einbauanleitungen*

#### Was fordert die VDA 6.1?

- Festlegung der eindeutigen und allgemeinverständli-
chen Erstellung von Gebrauchs- und Einbauan-
leitungen.

#### Was heißt das?

Die Gebrauchs- und Einbaueinleitungen müssen rechtzeitig, eindeutig und allgemeinverständlich festgelegt und ggf.
mit dem Kunden abgestimmt werden. Zu beachten ist
u.a.: Zuständigkeit, Mehrsprachigkeit, Hinweis auf Ge-
fahren (siehe Tip zu "Produkthaftung").

## *Frage 21.2 Produktbeobachtung und Frühwarnsystem*

### Was fordert die VDA 6.1?

- Vorhandensein eines Verfahrens zur Produktbeobachtung und eines Frühwarnsystems über Produktausfälle in der Gebrauchtsphase.

### Was heißt das?

Das Verfahren zur Produktbeobachtung und das Frühwarnsystem über Produktausfälle muß zwischen Kunde und Lieferant festgelegt werden. Der Lieferant ist verpflichtet, sich über die gesamte Nutzungsdauer des Produktes über dessen Qualität zu informieren. Dies geschieht z.B. durch regelmäßige Marktbeobachtung, Auswertung der Feldausfälle und der Gewährleistungsfälle sowie Kunden-befragungen.

Das Frühwarnsystem zwischen Kunde und Lieferant sollte folgendes einschließen: Ein Beobachtungs- und Informationssystem, den Organisationsablauf für Maßnahmen bei Bedarf, die Festlegung der Verantwortlichen bzw. Ansprechpartner.

# 7. Wo finde ich weitere Informationen?

Für Verbesserungsvorschläge zur QS-9000 wenden Sie sich bitte an folgende Kontaktanschrift:

**Chrysler Motors**

Warren Norrid, Jr.

CIMS: 484-00-42

800 Chrysler Drive East

Auburn Hills, MI 48236-2757

USA

Fax: 001-248-512-1423

**Ford Motor Company**

Steve Walsh

Ford Motor Company

Danou Technical Center

16630 Southfield Road

Suite 4200 / 42E30

Allen Park, MI 48101

USA

Fax: 001-313-845-322-9778

**General Motors Corporation**

R. Dan Reid

General Motors Powertrain Group

895 S. Joslyn Ave.

Pontiac, MI 48340-2920 (STOP 2R29)

USA

Fax: 001-248-857-0301

Die *neuesten Ausgaben* aller QS-9000 Dokumente sind erhältlich bei:

**Carwin Continuous Ltd.**

Publications Department, Unit 1, Trade Link

Western Avenue, West Thurrock, Grays, Essex RM20 3 FJ,

United Kingdom

Tel.: 0044 (0)1708/86 13 33

Fax.: 0044 (0)1708/86 79 41

Achten Sie auf den *neuesten Stand* der Übersetzungen. In Zweifelsfällen ist die englische Ausgabe der QS-9000 maßgebend.

Die *"Offiziellen Interpretationen"* sind zu beziehen bei:

**ASQC**

611 East Wisconsin Avenue

P.O. Box 3005

Milwaukee, WI 53201 - 3005

USA

Tel.: 001 414-272-8575

Fax.: 001 414-272-1734

Homepage: http://www.asqc.org

oder *direkt und kostenlos* einsehbar unter: http://www.asq.org/standcert/qs-9000/sancl.html

Eine Liste über *akkreditierte Zertifizierer* ist erhältlich bei:

**Trägergemeinschaft für Akkreditierung GmbH (TGA)**

Stresemannallee 13

D-60596 Frankfurt am Main

Tel.: 069/6300-9111

Fax.: 069/6300-9144

Homepage: http://www.tga.de/

*Fragenkatalog* und Informationen zur *VDA 6.1* können bezogen werden bei:

**Qualitäts Management Center des VDA**

VDA-QMC

Lindenstr. 5

D-60325 Frankfurt am Main

Tel.: 069/97507-332

Fax.: 069/97507-331

Homepage: http://www.vda-qmc.de/